出町譲

日本への遺言

地域再生の神様《豊重哲郎》が起こした奇跡

大野孝司さんへ
豊重哲郎
オーラの光り輝く人生を!!
2021.3.28

幻冬舎

はじめに

鹿児島空港から車で二時間近く、バスや電車もなく、交通の便は決して良くないが、大隅半島の中央にある村が沸き返っている。

鹿屋《かのや》市の柳谷《やなぎだに》地区。

ここは地元で『やねだん』という愛称で呼ばれている、人口はわずか三百人ほどの小さな集落だ。二十年前までは、限界集落になるのは、時間の問題とみられていた。御多分に漏れず過疎化の荒波に飲み込まれていたのだ。若い人は集落を離れ、急ピッチで高齢化が進んでいた。青年団や婦人会といった地域の集まりもなくなっていた。住民同士の交流も減り、互いの名前すら分からない関係性だった。非行に走る子供たちも出てきた。

ところが、一人のリーダーの奮闘で今や見事に復活した。このため、「奇跡の集落」と呼ばれている。

私が訪れるたびに驚くのは、集落の住民が屈託なく笑顔を見せていることだ。高齢者も、子供もよく笑う。ご近所付き合いが減っている都会の街には見られない光景だ。楽しそうな三百人の大家族がそこにはある。

集落のリーダーは、豊重哲郎さん、七十六歳。自治公民館長、いわば町内会長さんである。

「地域再生の神様」とも言われ、自治体関係者などの間ではその名前を知らない人はいない。全国で彼の生の声を聞きたいという人が急増し、講演依頼もひっきりなしだ。

豊重さんは疲れも見せず、全国を飛び回り、年間百五十〜百六十回の講演をこなす。十三年前に大腸がんで余命五、六年と言われていたのが嘘のように、身のこなしは軽くエネルギッシュだ。

豊重さんの講演は、講談師のように抑揚を利かせる名調子。ゆっくりしゃべっていると思うと、突然早口で大きな声になる。大きな身振り手振りで、聴衆との一体感を醸し出す。自らの経験を力を込めて訴え、時には本人自身、声を詰まらせることもある。

この地に、全国の行政関係者らが年間五千〜六千人視察に訪れる。その際も、豊重さんが先頭に立って案内するのだ。

地方創生担当大臣だった石破茂氏も視察した一人だ。

「日本全国、高齢者が増え、若い人がいなくなる。子供が生まれない。そして人口が減る。そういう深刻な状況を見続けてきた。『やねだん』の存在に関しては、聞いてはいたが、正直、あまりにいい話なので、半信半疑だった。しかし、今回訪問してこんな集落が本当にあるのだということが分かり、驚いた」

地方創生の伝道師のように全国を回っている石破氏ですら、驚嘆したのである。

私が豊重さんと知り合ったのは、地域活性化センター理事長の椎川忍氏の紹介によってだった。椎川氏は当時、総務省の自治財政局長だった。霞が関時代から、現場主義を貫いてきた官僚だ。

椎川氏は二〇一〇年ごろ、『やねだん』の活動を熱く語った。

「土地、水、太陽というどこにでもある地域資源に、自分たちの汗と労働を注ぎ込んで、価値あるものを作り出す」

と話し、先駆的な実践例だと評価していた。私は椎川氏に紹介してもらい、豊重さんと連絡を取った。

それから、取材と称してさまざまな局面で豊重さんと話をしてきた。時には東京、時には鹿児島。今や取材相手と記者という関係を超え、私は勝手に彼のことを「師匠」だと思っている。

ジャーナリストとして、高齢化、少子化、学校崩壊、耕作放棄地、空き家問題、農業振興……今日本が抱える問題点を取材すれば取材するほどぶち当たる「壁」。豊重さんは、その「壁」を打ち破る「解答」を提示してくれるからだ。永田町や霞が関のエリートたちがお金をかけ、知恵を絞っても決して成し遂げられなかったことばかりだ。

豊重さんが公民館長に就任して二十年以上たった。その間の地域再生の戦いは、どこの町でも、どこの集落でも起き得ることである。

豊重さんは会うたびに、お経のように繰り返す。

「補助金頼みになると制約が増えるばかり。自立心が失われ、真に地域のためにはならない。自分のことは自分でやるのが当たり前だ」

私は『やねだん』を取材して痛感した。地域再生の要諦は、国からの補助金でなく、地域の資源を有効活用し、率先垂範で汗を流すリーダーの存在だ。

県でも市町村でもない。一つの集落。町内会である。家族の次の社会単位である。その『やねだん』について学ぶことは、日本を変える原動力となる。家族同様となった三百人の集落が日本の起爆剤となるのだ。

豊重さんは繰り返し強調している。

「リーダーは、命令形で指示をしてもダメだ」

「情熱で人を動かし、感動で感謝の心を養うことが重要だ」

「補助金頼みになると、アイデアが出てこない」

シンプルなそれらの言葉は、豊重流の地域再生に裏打ちされたものだ。それは、具体的にどんな取り組みだったのか。

一言で言えば、**自主財源を作り出す**ことだった。

まずはサツマイモづくりからとりかかった。それが最初の収益三十五万円となる。

この体験をきっかけに集落では、「稼ぐ」ことの尊さが浸透した。その後も次々に自主財源を作り出す手段を編み出した。やねだん産のサツマイモで作った焼酎を発売した。それは韓国にも輸出され、「やねだん」という居酒屋まで誕生した。自主財源はみるみる増え、十年ほど経つと五百万円になった。

そのお金をどう使うべきか。話題となったのは、集落のすべての世帯向けボーナスだ。

「一緒に汗を流して地域再生に取り組んでくれてありがとう」

そんな気持ちで、豊重さんはメッセージを書き添えて、ボーナスを手渡した。

そして、その自主財源は、住民のためにさまざまな形で使われる。ある年は高齢者に感謝の意を示すため、十九台の手押し車を購入した。この手押し車には荷物の入る収納スペースがあるが、それは簡易な椅子にもなる。散歩した後、疲れたら、その椅子に腰かけ、一休みする。高齢者が散歩がてら外で井戸端会議を開く光景があちこちで見られた。

さらに、自主財源は子供たちにも使われた。学習塾「寺子屋」への補助だ。豊重さんが非行に走る子供たちと話をしたところ、「勉強が理解できない」という言葉が返ってきた。それならといって作ったのがこの寺子屋だ。

「将来のある子供たちに『やねだん』に住んで良かったと思われたい」と、豊重さんは話す。

自主財源は、集落で空き家となっていた古民家の再生にも使われた。そこに住んでもらうよう、全国から芸術家の移住者を募り、結果的には、人口増加となった。行政からの補助金に依存せず、「全員野球」で儲けたお金は、住民に笑顔を呼び起こし、地域の再生につながったのである。

「地方から国を変える」という陳腐な言葉は『やねだん』には当てはまらない。パフォーマンスありきの地方の首長とは対極にあるのが豊重さんだ。汗だくになって、

「絆」という旗印を掲げ、必死に格闘してきた。

二十年間の格闘の成果は今、確実に現れている。かつてサツマイモづくりで汗を流した高校生だった子供たちがUターンしているのだ。豊重さんは笑顔で語る。

「結婚してUターンしてくれる子供たちが増えました。女の子は旦那を連れて帰ってきてくれます。子供も増えています。集落の三百人のうち、高校生以下の子供は一割になっています」

そして強調した。

「持続可能な消滅しない地域づくりにはやはり、文化と子供がキーワードです」

高齢化と過疎化で消滅するとみられていた『やねだん』の人口構成ががらりと変わったのだ。

私はジャーナリストになり四半世紀たつ。東京、ニューヨーク、島根を拠点にさまざまな現場を取材し、人と本気で話してきた。その間、いつも念頭にあったのは、国のあり方だ。

バブル崩壊後の縮むニッポン。少子高齢化で、世の中には「日本悲観論」が横行している。反転攻勢するにはどうすべきか。

「人口増」を前提に国づくりを進めてきた官僚や政治家に任せていても、解決法は見いだせない。長年悩んだ末に、摑みとった結論は、地域でも、企業でも、再生するには、熱狂するリーダーが必要だということだ。彼らの情熱こそが、再生の息吹に変貌する。

そうした意味で今、最も注目しているのは豊重さんだ。地域再生に熱狂する彼の言葉を広く伝えたいと切に思う。それが、借金まみれなのに、痛みを先送りし、改革の進まない日本を変える近道だと信じているからだ。

日本への遺言　地域再生の神様《豊重哲郎》が起こした奇跡　目次

日本への遺言

地域再生の神様《豊重哲郎》が起こした奇跡

ゼロからの出発

一九九六年といえば、ミニスカート、厚底ブーツ、茶髪といった安室奈美恵のファッションを真似た「アムラー」が都会の街ではいたるところに出没していた。女子中高生たちの間で広がった「援助交際」が新語・流行語大賞としてトップテン入りを果たしたのもこの年である。

さらに、「おやじ狩り」も社会問題となった。エネルギーを持て余した少年たちが中高年男性を襲い、財布を奪う事件が多発したのだ。少年、少女の暴走は、家族、社会が荒廃したことも影響している。それは、何も東京に限ったことではなかった。

一九九六年三月。東京から遠く離れた鹿児島県の山村でも、荒廃が目立っていた。

当時の『やねだん』は、急速に高齢化していた。誰の目から見ても、このままでは集落の維持は困難だった。田畑は担い手がいないため、放棄されていた。雑草は伸び放題。盛んに活動していた青年団や婦人会はなくなり、さらに盆踊りが途絶えた。そして正月七日に正月飾りを焼く「鬼火焚き」も行わなくなった。地域住民の間では交流が減り、互いの名前の分からない人さえいた。

都会の例に漏れず、非行に走る子供たちも出てきた。山村ですら社会における人間関係が希薄化してきたのだ。

「集落の危機」である。そうした状況下で、リーダーになったのは豊重哲郎さんだった。自治公民館の総会で公民館長に選ばれたのだ。公民館長はそれまで六十五歳前後の人の一年任期の交代制だったが、豊重さんに白羽の矢が立った。当時五十五歳である。これまでの慣例からすれば、若すぎる。

高齢の人が呼びかけた。

「哲ちゃん、十年早いけどこの集落を君に託すから、頼むよ」

公民館では一斉にエールが起きた。集落は危機的な状況で、住民の中では「変革」を求める声が強まったのだ。過疎化が進み、年寄りばかり目立つようになった集落。そこでは、公民館長の役割を担える人も限られてきた。六十五歳ぐらいの人が一年交代でやれば、二回、ポストが回ってくる可能性もある。町内会が崩壊し、三百年続いた集落が消滅する恐れがあった。こうした危機意識は、集落の長老らにも浸透していた。任期制ではなく、選挙で公民館長を選ぶことになったのだ。

豊重さんには、先輩諸氏を差し置いて、自分が公民館長という役職を担うことに、多少の戸惑いもあった。しかし、公民館のみんなの声援を受け決断した。

就任のあいさつの最中、おばあさんがじっと拝むように手を合わせ、涙を流していた。豊重さんはそれを見て、やる気が出たという。

豊重さんは振り返る。

「総会で九十五％が私に投票しました。住民は『本気で哲郎に投票したんだ』と言い、私も本気になりました。『よし！　だったら一年間では短すぎるので、三年やらしてくれ』と言ったら、住民はみんなで拍手してくれ、『十年でもやってくれ』という声が出たんです」

豊重さんは地元の商業高校を卒業し、東京の銀行に就職した。二十九歳でUターン。地元でウナギの養殖業を営み、母校のバレーボール部の監督を二十年務めた。そのバ

総会の様子

レーボール部は大晦日まで練習し、元日に練習をスタートするというハードなスケジュールだった。豊重さんはこの間、一日も休まず、子供たちと一緒に体育館でボールを追った。

豊重さん自身、荒廃する集落の現状を憂えていた。

高齢化率は四十%を超えているが、じきに、五十%を超えるだろう。このままでは集落は存続不可能になる。

豊重さんは引き継いだ際の出納帳を見て驚いた。記載されていたのは、預金一万円、現金はゼロという数字だった。いわばゼロからの出発だ。町内会費は年七千円だったが、すぐに公民館の光熱費などに消えてゆく厳しい現状だった。七十五歳以上は町内会費が免除されていたが、その比率は今後一段と高まるのは避けられない。つまり、入ってくるお金はますます減るのだ。

町からの活動委託料はわずかな額にとどまる。それで新しい活動をするのは、困難だ。自分たちでお金を稼がなければならなかった。

「地域の不便を解消するには、経済力が必要だ。行政に頼らず、なんとか自主財源を作り、地域再生を果たしたい」

「補助金漬けでは集落も、人も育たない」

それが公民館長としての出発点だった。

豊重さんはあくまで自主財源にこだわる。

「地域づくりの決め手は、やはり、財源。財源がなかったらいくら良いアイディアを出してもダメです」

そして集落にとって必要なのは**経営能力**だと分析する。

「集落は一つの企業体。企業体で一番大切なのはまず定款でその次は帳簿です。さら

に会計原則論を持った組織づくり。『やねだん』はこうした組織づくりをやっている。どんぶり勘定的な組織も日本には多くありますから」

元銀行員らしい発言だ。町内会の運営でも、企業会計を導入し、利益を上げることを最優先しているのだ。

地域や自治体の中には、お金を儲けることをいまだに忌避する雰囲気があると、私は思う。金儲けは決して、卑しいことではない。自立の第一歩は金儲けである。それを決して卑下してはいけない。

豊重さんは過去二十年にわたる地域再生の営みを振り返ってこう語る。

「人は本気になると、できないことはない。『やねだん』でできたのだから、ほかの地域でも必ずできるはずです」

住民の危機意識と、リーダーの勇気と情熱があれば、地方消滅を回避できる。

『やねだん』はそれを教えてくれる。

豊重哲郎のことば

1

人は宝。すなわち人財である。

お金に頼らず人を動かすこと。
物事を始めるのにまず必要な財源は、
お金ではない。
本気になって、その気になって
物事に従事する人の意識と行動である。

豊重哲郎さんと『やねだん』の子供たち

情熱で人を動かせ

一九九六年に始まった豊重さんの地域再生の営み。その核になるのは財源づくりだ。まず着手したのは、サツマイモづくりだった。

かつてこの地では、サツマイモづくりが盛んで、集落の高齢者はそのノウハウを熟知していた。しかし当初住民らの間では反発もあった。なぜならサツマイモは重く、高齢者にとって収穫は重労働だからだ。

「年取って体が痛いから、手伝うのは無理だ」

「自分の仕事が忙しくて、サツマイモの収穫の手伝いなんてできない」

という声が多くあった。

また、公民館長就任以来、率先して情熱的に行動する豊重さんに対しては、

「あいつは目立つ行動をして、町長にでも立候補するつもりじゃないか」

といった批判もあった。

そういう人たちを、豊重さんは粘り強く説得する。

「自分に反発する人を納得させるのは、簡単ではありません。私は二、三年、土下座してでも、認めてくれるまで努力した。命令口調を決して使わないで、納得させることを心がけました。三百人のうち一％の人が反発したら、家族や親戚を合わせて、かなりの人が反発することになる。それでは地域再生は実現できません。不安と不満に耳を傾け、感動と感謝をつくることです」

そう思った豊重さんは、反目する人に対して、なるべく出番を増やすように心がけた。出稼ぎや戦争体験のある人に対しては、それを話してもらったりした。一人一人の住民を納得させることで、「全員野球」の地域再生を心がけた。

豊重さんの本気度は、集落を徐々に動かした。日に日に賛同者が増えていったのである。

まず必要になったのは、サツマイモづくりのための土地だった。

『やねだん』には、使われていない土地がいっぱいあった。いわゆる耕作放棄地である。

「使っていない土地を提供してください」

有線放送で呼びかけたところ、三人の農家が三十アールの無償提供を申し出てくれた。そして、苗を無償で提供してくれる人まで現れる。

六月に植え付けが始まった。豊重さんが考えたのは、体力のある高校生たちの活用だ。

「高校生は小中学生の良き模範であり、地域おこしの牽引役になってほしいと思った。そこでサツマイモ生産は高校生のクラブ活動にすることにした。彼らの活動を地域全体で応援する絶好のチャンスにもなる」

サツマイモ生産を経験したことのある高齢者が指導し、高校生が植え付けから収穫まで担当する構想だった。

しかし高校生はそう簡単には動かない。そこで、豊重さんは一計を案じた。当時オリックスで活躍していたイチロー選手を〝エサ〟にしたのだ。

イチロー選手は、集落の高校生たちに人気だったため、サツマイモを作って収益を

サツマイモの収穫

上げられれば、「イチローを見に行けるぞ」と誘った。

高校生たちは、慣れないながらも肥料をまいた。夏休み期間中には、除草作業も率先して行った。昼間はきっと勉強や遊びで忙しいのだろう。夕暮れ時に、父親や母親と一緒に、畑に出て作業する高校生の姿も見られた。慣れない高校生が農作業を行うとなんともぎこちない。それを見かねた高齢者が手伝いを買って出てくれた。

サツマイモ畑はこの年の夏、語らいの場となった。

そしてついに、三十五万円の収益を生み出す。東京ドームに行くには資金が足りなかったが、高校生たちには、福岡ドームでの野球観戦をプレゼントすることができた。バスをチャーターした、福岡までの旅だった。

もちろん豊重さんも同行した。男子高校生たちは素足にサンダルで、短パン姿だった。しかも、イヤリングやブレスレットを身に付けている。一見すると不良の集団のような格好だった。豊重さんはそれを見た瞬間、文句を言おうと思ったが、言葉を飲み込んだ。サツマイモ生産で働いてくれたのだから、目をつぶろう。『やねだん』の将来を担う、かわいい子供たちだと、己に言い聞かせた。

そこで豊重さんの取った行動が高校生たちの度肝を抜く。自ら突然シャツを脱ぎ、肌着となったのだ。そして三つのイヤリングを付けていた男子高校生の耳から一つを外し、自らの耳に付けた。

「どうだ、格好いいだろう」

その瞬間、バスの中は拍手喝采の大騒ぎとなった。ただ困ったことがあった。サービスエリアでのトイレ休憩では、豊重さんはさすがに恥ずかしくて、バスの外に出られず、トイレに行くのを我慢したのだ。そんな豊重さんを見て、高校生たちは一人一人がイヤリングをポケットにしまい込んだ。

礼節を弁《わきま》えない今時の格好をしたがる高校生たちと心が触れ合ったのだ。

このエピソードを聞いて、私は、子供たち目線で行動する豊重さんの凄みを痛感した。恥じらいを捨て、こんな思い切った行動を起こせる大人はいるだろうか。**子供たちと同じ目線に立つ。**多くの教師が豊重さんのような行動を起こせば、子供の非行も未然に防げるのではないだろうか。

その後、サツマイモづくりは集落全体での作業となる。子供が動けば、大人も動く。サツマイモ生産は毎年拡大していった。一度の作業に住民百人が参加し、植え付けに三時間、収穫に四時間かかる。植え付け作業は午前七時からスタートするが、高齢者は朝五時からトラクターで土が乾かないよう畝《うね》づくりを行った。

サツマイモ生産では高校生も、高齢者も、重要なプレーヤーとなった。

「集落の三百人は一人一人がレギュラー選手で、補欠はいない。幼児から高齢者まで出番を作り、全員野球の村おこしが重要だ」

それが豊重さんの持論である。豊重流の地域おこしの真骨頂はこの点にある。

「普段は使われていないものがあるが、こうしたものこそ重要。高齢者の体験は最高の財産なんですよ。これに加えて耕作放棄地も財産です」

高齢者の体験と耕作放棄地をひとまとめにして「地域の財産」と表現するところが、豊重さんらしい。

また、生き字引論も興味深い。

「集落の中の、不満、不便、不利、不可解、不のつく項目をいかに吸い上げるかも、リーダーの役割です。ただ、集落には〝生き字引〟がいっぱいいる。高齢者はもちろん、農業体験をした人、サラリーマン体験をした人。さらには、借金地獄から立ち直った体験を持つ人。そういった集落の〝生き字引〟がいれば、補助金に頼らなくても、人間の力だけで大丈夫。補助金に頼る前に高齢者に聞けば、不安を解消してくれることも多い」

二〇〇九年に都内で開かれたシンポジウム。出席者によれば、ノンフィクション作家の佐野眞一氏は『やねだん』と、日雇い労働者の街、東京・山谷を比較したという。「山谷は人の絆を失っているが、『やねだん』は希望や夢が満ち溢れている。人と地域をつなぐ営みがあり、希望がある」

佐野氏の分析には、私も共鳴する。希望、絆、感動……。日本社会で失われつつあるものに光を当て続けているのが、『やねだん』だ。そういえば、豊重さんは私に対していつもこう話す。

「集落のみんなの明るい笑顔こそが私のエネルギーだ」

その通りだ。笑顔のある街づくりこそが現代社会で求められている。

論ずるよりもまず、リーダーが率先垂範。

常に情熱全開で即行動する姿に人は感動し、
心が動かないはずがない。
私は常に自ら先に動き、汗をかく。
だから私は人生このかた
人集めに失敗したことはない。

感動が人を動かす

『やねだん』の朝は、有線放送で始まる。

通常は行政のお知らせなどを伝えるが、母の日、父の日、敬老の日には特別放送が行われる。それが『やねだん』名物、手紙の朗読だ。

『やねだん』を離れて暮らす子供たちが書いた手紙。

それを代読するのは、「柳谷高校生クラブ」というグループに所属する地元の高校生たちだ。

豊重さんには忘れられない手紙がある。

「こうやって真摯な気持ちを手紙にしたためる……なんて、きっと初めてかもしれないですね。いつも不精でゴメンね。『うちの娘はどこに出しても恥ずかしくない』という表現があるけれど、私の場合は逆。『うちの母はどこに出しても、誰に紹介して

も恥ずかしくない、自慢の母！』」

高校生が朗読した手紙はこんな書き出しで始まった。書いたのは、関東に住むKさん。手紙では、『やねだん』に住む母親について「ふきちゃん」と呼びかける。そして、「姉のような、友人のような、時にマリア様のような、（中略）本当に偉大なる人です」と表現する。

ふきさんは一九七五年、寝たきりの義母の看病をするため、京都から『やねだん』に引っ越してきた。娘二人を抱えての一家五人での生活が始まった。慣れない土地での生活だった。それに義母の介護。しかし一九八〇年には夫も肺結核で倒れてしまう。自宅で義母の世話をしながら、夫が入院する病院に通った。

それをすべてふきさんは一人で背負った。

「寝たきりのおばあちゃんの看病と世話、大黒柱である父の度重なる入院と手術。その時の神サマはイジワルで『これでもか！　これでもか！』と言わんばかりに私達に、より過酷な状況を突きつけました。奥歯がすり減るくらい歯をかみしめ、自分の爪が突き刺さるほどに強くこぶしを握りしめ、あなたはその小さな体でじっと耐え、じっ

と堪え、たった一人で荒れ狂う大波に毅然と立ち向かい、私達が波に呑まれ翻弄されてしまうのを守ってくれた」

Kさんは手紙に、義母の世話をするため、京都から鹿児島に移り住んだ母の苦労を綴った。

「私も家庭を持ち、子供をもうけ、あなたが一番苦しかった頃の年齢となりました。少しでもあなたに近づこう、少しでも真似が出来れば……なんて、ああ畏れ多い。自分の事ばかり考えて煩悩だらけの私には、どだい無理な話でまだまだ足元にすら及びません」

手紙を書いたKさんは、高校卒業後に上京した。大学を卒業。その後、臨床検査技師として働き、夫と子供と関東で生活した。

ふきさんには、Kさんの手紙が読まれることは伝えられていなかった。放送を聞きながら涙を流した。

また、豊重さんの脳裏に今も焼き付いている「父の日」の手紙がある。

「私ももう三十五歳になり、二児の母になって、つくづく親の気持ちがわかるようになりました。兄弟の中で一番親に手をやかせた私ですけど、今は自分なりに一生懸命がんばっています」

さらに父への思いを綴る。

「お父さんとはよくぶつかり合い、数多くの喧嘩もしてきましたね。私が家出をしたりして、お父さんはいつも私の写真を持って警察に走りましたね。その頃は親に対して反発的でした。その頃のお父さんは人の話を聞く人ではなかった。何か話そうとするとすぐ手が出るお父さんでしたね。私は物心ついた時から嫁にいくまで、とてもお父さんが怖い人だと思っていました」

手紙には父の思い出の後で、感謝の念が記されている。

「お父さんは私に、人間としての厳しさ、我慢強さ、そして思いやりを教えてくれました。私も、人に迷惑をかけず、人に対していつも思いやりの気持ちで過ごしています」

この父というのは、実は豊重さんの活動にそっぽを向いていた人物である。サツマイモづくりの際にも、手伝ってくれなかった。

それだけに、その人の娘さんの手紙を放送することは、普通なら抵抗感があるはずだ。しかし、豊重さんは揺るがなかった。

「この手紙を放送することには私の女房も反対していました。しかし、勇気を出して放送しました。その人が蚊帳《かや》の中に入ってくれたら、彼の周りの人たちも一緒になって行動してくれると思いましたから」

放送後、豊重さんはその人の家に行って謝った。怒鳴られるのを覚悟していた。

「無許可で放送して本当にすみません」

すると、想定外の反応が返ってきた。七十五歳の男性が泣きながら豊重さんに抱きついた。

「子供からの手紙は生まれて初めてもらったよ。本当に嬉しかった。お前は偉い奴や。俺を泣かしたのはお前が初めてだ。この末っ子だけには特に厳しすぎたと分かっていただけに、憎まれていると思い続けていた。子供の気持ちがこの年になって初めて分かった」

男性はその後、豊重さんの活動を積極的に支援した。

このエピソードは豊重さんにとっても勉強になり、自信がついたという。

「人は感動で動くことをこの有線放送で学んだ。人は勝手なもので、他人への不平や不満を言います。地域活動では特に、不平や不満を言う人が必ずいる。とにかく粘り強く話し合うことが大事なんです。『急ぐな、慌てるな、近道するな』が最も大事だと思う」

豊重さんの言葉の中で、私のお気に入りはこの**「急ぐな、慌てるな、近道するな」**である。地方の首長などでは、とかく結果を急ぐ人が多い。もちろん選挙を意識すれば、結果をアピールしたくなる気持ちは分からないではない。

しかし、地域づくりは時間がかかる作業である。一朝一夕に、結果が出るものではない。一期目の首長などがさも改革を成し遂げたようにアピールする姿は、あまりに短兵急だ。時間をかけて粘り強く、住民と向き合うことが肝要だ。

豊重さんは語る。

「リーダーは時に苦しく、孤独な人生を覚悟するものです。ただ、絶対に『あきらめ

ない』という気持ちを抱き続けなければなりません」

そして、人づくり、仲間づくりが大切だという。

「仲間づくりで最悪の事態は誰かを『無視』することです。地域再生はどうしても人海戦術となる。仲間の輪が重要なのです。絶対に『無視』してはいけません。三百人いる中で三人の抵抗勢力がいるとすると、この三人には必ず賛同者が一人ずついると思った方がよいのです。そう思っているといつの間にか、一割の人がノーを突きつける可能性が出てきます。それでは、地域再生どころではないのです。全員が納得して物事を始められることが重要です。『あの人が動いてくれたら、この人も来てくれる』と、勇気と度胸を持って反目者を納得させる。覚悟と情熱を持って人を動かすしかない」

さらに、**「リーダーに情熱があれば必ず人はついてくる」**と喝破する。

「私が一番苦しんで一番大切だと思ったのは、反目者を命令なしで自主参加させることでした。これが私の最初の二年間の戦いでした」

命令形を嫌う豊重さん。強いリーダーシップを見せるが、何を決めるにしても、情報公開を徹底している。

『やねだん』では、新規に事業をやる際には、集落の自治公民館の総会にかける。出席率は常に九割を超える。役員が事業の目的や資金計画などを説明。住民の意見を聞いた上で、事業を始めるかどうかを決める。この事業にはどんなメリットがあるのか、などを公開の場で議論する。集落として一歩踏み出す際には徹底した住民参加が基本となる。豊重さんは情報公開をして説明責任を果たすことをいつも心がけている。

豊重哲郎のことば

3

急ぐな、慌てるな、近道するな。

人はすぐに成果や結果を求めたがる。
人も地域も国も一朝一夕に
完成されるものではない。
人づくりやものづくりでは
この三つの言葉が柱になる。

全員野球

豊重さんはとにかく**「全員野球」**にこだわる。それが顕著に表れるのが、公民館長就任三年目の一九九八年に完成した運動公園だ。自治公民館の隣という、集落のいわば「表玄関」にある。

ゲートボール場兼多目的コートや、卓球場兼休憩所、さらには、腹筋や腕立て伏せなどができる高齢者向け遊具などが揃っている。

私が『やねだん』を訪れた際も、高齢者が思い思いに遊具を使って運動していた。生き生きとした笑顔の高齢者に驚嘆したものだ。

この運動公園は、高齢者から、乳幼児、青少年まで集って、声を掛け合う集落の憩いの場となっている。心も体もわくわくする公園という意味で、豊重さんは「わくわく運動遊園」と名付けた。

ここは今でこそ運動公園だが、元々はでんぷん工場の跡地だった。二メートル以上の雑草が生い茂り、集落の景観を壊していた。豊重さんは自治公民館長就任にあたり、この跡地を運動公園に整備したいと考えた。それには、まずは雑草の除去から始めなければならない。

「みんなで集う場は、みんなで作ろう」

豊重さんの呼びかけに、有志が反応した。休日のたびに、生い茂った草の除去を行った。その有志とは、豊重さんが最も信頼している人々、いわゆるパートナーである。

彼らの必死に取り組む姿は、ほかの住民にも伝播した。この除草作業で集落内の人の結び付きが強まる。普段あまり言葉を交わさない人同士が汗を流し、除草していると、自然に心が打ち解ける。集落全体三百人が家族になる第一歩だった。

ボランティアの輪がどんどん広がった。

また、遊具を作るためには木材も必要だ。豊重さんが資材の提供を呼びかけたところ、集落の一人は「うちの山にある杉の丸太、どうぞ」と応えてくれた。杉の丸太はクレーンで切り出され、しばらくは公民館の前に置かれた。

木材の切り出しや土地の造成、建物の建設などのほぼすべてを担ったのも集落の人人だ。

集落に住む大工や左官、造園の経験者らが汗を流した。業者に発注したのは、電気工事だけだ。ノコギリや金づちなどはホームセンターで自主財源で購入した。労働する体力のない高齢者は寄付をした。まさに住民総出だった。結局、費用は八万円しかかからなかった。

「感動して涙が出た。これで『やねだん』は大きく前進していけると実感しました。感動があれば、人が動く。それが地域再生の原動力になる。補助金に頼らず、一人一人の小さな力を結集して取り組んだ大きな村おこしでした」

と豊重さんは語った。

就任二年で起こした絆再生の一大プロジェクトだった。

私はこれこそがその後の『やねだん』を決定づけたと考えている。住民らがみんなで力を合わせる尊さを実感したのである。

鹿屋市役所によれば、こうした運動公園は、三百万円から五百万円の経費がかかるという。通常なら、集落が市役所にお願いして建設するが、『やねだん』では、それを自分たちで作ったわけである。

財政的には大いに助かる。一千兆円を超える国の借金。それをいかに解消するかが日本政治の最大のテーマだが、その解決策はこの「わくわく運動遊園」にあるような気がしている。小さな公園と国家財政を一緒に語るなと、お叱りを受けるかもしれないが、私はこうした小さなことの積み上げしか、財政赤字を解消する手立てはないと思う。

さらに、運動公園は「副産物」を生み出した。

住民の健康増進だ。高齢者がこの公園の遊具で体を動かした結果、病院へ行く回数が大幅に減ったのである。

鹿屋保健所の調査によれば、『やねだん』の七十五歳以上の人の医療費は、市平均より三十五万円も安い四十四万千円。また介護給付費も四十万円安い九十五万九千円だった。全体で医療費や介護給付費は四千万円ほど安いという。

また、二十年間、寝たきりの高齢者がいない状態が続く。社会保障費の削減にもつながっている。

鹿屋市の担当者は「医療費の増加に対し抑制効果がある。市としては財政的に大いに助けていただいている」と語る。

「高齢者が元気な地域は医療費も安い。これが国づくりにつながっていくようになればいい」

と豊重さんは自信を見せる。

土に触れ、お互いに助け合い、辛いことがあってもみんなで明るく生活する。それが、いい影響を及ぼしているという。

『やねだん』を視察した地方創生担当大臣だった石破茂氏も驚いた。

「ここの集落は医療費、介護にかかるお金というのが他集落に比べて低い。あるいは十数年寝たきりの方が一人もいない。どうやって健康寿命を延ばしていくかっていうことが日本国の大きな課題であって、この集落の取り組みは大きな示唆を与えてくれる」

石破氏の言う健康寿命。ＷＨＯ（世界保健機関）が二〇〇〇年に提唱した概念で、心身ともに健康に日常生活を送ることができる年齢のことだ。例えば、男性の場合は

豊重哲郎さんと石破茂氏

平均寿命が八十・二一歳なら、健康寿命は七十一・一九歳。女性は平均寿命が八十六・六一歳なら、健康寿命は七十四・二一歳となっている。つまり男性で約九年、女性で約十二年の差があるのだ。

この概念自体は新しいが、こうした予防医療に力を入れる村は昔からあった。有名なのは、岩手県の沢内村だ。ここは、三メートルを超える積雪に見舞われる寒村だ。赤ん坊は寒さで早死にし、高齢者は貧しくて医者にかかれなかった。日本は高度成長時代に入っていたが、この東北の村は取り残され、病気、豪雪と貧困にあえいでいた。

一九五七年に就任した故・深沢晟雄《まさお》村長は、全国で初めて乳児と高齢者の医療費無料化を実現した。国や県から、国民健康保険法に違反すると指摘されたが、押し通した。「命に格差があってはいけない」「生命尊重こそ政治の基本」という理念の下、村民の医療に全力投球したのだ。

また、同時に予防医療にも力を入れた。深沢村長はすでに亡くなっていたが、そのかいあって、二十年後の一九八〇年には、医療費が全国平均の半分になった。

その時も、一人の村長の気概で、医療費削減を実現できたのだ。将来世代への責任を果たした形となる。深沢氏という一人の村長、豊重さんという一人の自治公民館長。時代も地域も違うが、ともに住民が幸せに暮らすにはどうすべきかを最優先に考え抜いた。国に依存していないのが共通点だ。現場発で執念を持って仕事をすれば、必ずや事態は動く。

豊重哲郎のことば

4

仲間と物事を始める時は、一人一人がレギュラー選手。補欠の人間などいない。

全員で何かに立ち向かう時に生まれる結束力と、
達成した時の感動の共有は、
人を大きく成長させ、
物事を大きく前進させる。

眠れる財産を再生せよ

『やねだん』には頭の痛い問題があった。それは家畜の糞尿の臭いだ。全戸数の四分の一に当たる三十三戸が肉用牛の肥育農家で、二百頭の牛を抱えていたからだ。集落には臭気が漂う。外に干した洗濯物はすぐに洗いなおさなければならないほどだった。外から人を招くのも躊躇するような状況だったのだ。

家の外に置かれ、強烈な悪臭の源となった家畜の糞尿だが、そもそも畜産は、地域の基幹産業で、集落の農家にとっては大事な収益源だ。集落では、悪臭について「くさいけれども、仕方がない」とあきらめムードだった。

豊重さんは公民館長就任後、なんとか悪臭を改善できないかと考えた。対策を打つことは可能だと確信していた。

それは自らの経験に基づいている。かつてウナギの養殖業を営んでいた時、養殖用の池にウナギの糞が発生、それが川に流れヘドロとなった。悩ましい事態だったが、その際、微生物を水に混ぜると、臭いを消す効果が得られたのだ。

その経験を思い出しながら集落の悪臭対策ができないかどうか、知恵を絞った。こうした中、豊重さんは、鹿児島大学の動きを知った。土着菌を牧場の床に敷いて悪臭対策を行っていたのだ。

土着菌とは、山や田畑に生息している微生物だ。

豊重さんは、マイクロバスをチャーターし畜産農家と一緒に鹿児島大学に視察に出かけた。その大学の研究では、土着菌を飼料に混ぜて牛に与えると、糞尿の臭いが消えた。

帰りのバスで、豊重さんは土着菌の導入を呼びかけた。しかし、高齢者が多いためなのか「私たちにはできない」という声が多かった。それでも、豊重さんは譲らなかった。実施すべきだと考え、粘り強く畜産農家を説得した。そして、みんなから同意を取り付けた。

それでは土着菌をどのように作るのか。

土着菌を増殖させるには、山の腐葉土に含まれる微生物と、米ぬか、黒砂糖、水を混ぜ合わせなければならない。その際、厄介なのは、かき混ぜる作業だ。一日に一回、三十分から一時間、スコップでかき混ぜる必要がある。四人一組での作業。約三週間かけて発酵させると完成品の「土着菌」ができる。

それを輪番制にした。早朝五時半からの作業である。冬場は手がかじかみ、夏場は汗だくとなる。高齢者が多いだけに、大変な重労働である。八十歳のある高齢者は「自分が休んだら、みんなの迷惑になる」と言って、決して休まなかった。

このかき混ぜる作業は、畜産農家だけでなく、会社勤めのサラリーマンも手伝った。豊重さんは**「『自分たちで地域づくりに取り組もう』という意気込みが集落全体で広がっているからサラリーマンも手伝うようになった」**とみる。

そして出来上がった土着菌を牛のエサに混ぜた。その結果は如実に現れた。

半年後に畜産農家三十三戸にアンケート調査をしたが、実に八十九％が糞尿の悪臭がしなくなったと回答した。また、「牛が下痢をしなくなった」「畜舎のハエがいなくなった」と答えた人は全体の九割を占めた。この土着菌は、糞尿の臭いから集落を解

土着菌センター内の様子

放してくれた。

　牛や豚などだけではない。ペットで飼っている犬や猫にまで与えている人もいた。

「高齢者に申し訳ない重労働で、お願いするのは心苦しい思いでした。しかし、微生物は生き物であり、愛情を持った人にしか応えてくれない。集落の人々が愛情を持ってかき混ぜてくれたからこそこの土着菌が誕生した」

　と豊重さんは感謝の念を表す。

　土着菌は、集落内の住民には一キロ五十円、集落外の畜産業者には八十円で販売され、ヒット商品となった。集落にとって、自主財源の大きな柱となった。

　その後、土着菌センターを建設した。この

建設にもまた、集落の人がボランティアで参加した。最初は杉の丸太の切り出しから始まった。その丸太を使って大工の棟梁だった人が中心となり、延べ三百人が手弁当で建設作業に取り組んだ。およそ五十日のボランティアだ。ドアやサッシについては、集落の人が無償で提供した。かかった費用は約七十万円。

建設費用には、集落で栽培したでんぷん用サツマイモや土着菌の売り上げなどを充てる方針だ。

土着菌を米ぬかなどとかき混ぜる作業は当初、手作業だったが、この土着菌センターができてからは重機を購入し、自動攪拌が可能となった。高齢者らは重労働から解放されたのだ。この重機の購入代金にも、サツマイモの売り上げが充てられた。

「集落の家畜がいる家には定期的にこの土着菌を百キロずつ無料で配布して、畜舎の衛生管理、環境整備をやってもらっています。さらに、農家の人たちには、定期的に二十〜三十キロずつ無料で配布して無農薬・無化学肥料の野菜づくりに活用してもらっている。集落に存分に使ってもらって、残ったものを全国通販や直販で売り、年間に大体二百万円ぐらい稼ぐ。これがコミュニティビジネスです」

土着菌から無農薬・無化学肥料のサツマイモが作られ、オリジナル焼酎ができた。そしてその焼酎が韓国に輸出され、「やねだん」という店が韓国に五店舗もできた。つまり集落全体は、この土着菌のおかげで、自主財源を上積みできたのだ。

この土着菌開発以降、『やねだん』は一段と有名になった。近隣の市町村だけでなく、ベトナムや韓国からも視察団が訪れた。

そして、土着菌のおかげで集落では「生ごみの排出ゼロ」を実現した。すべての住宅に生ごみ処理器を設置。この処理器には土着菌が入っており、生ごみは自家発酵処理される仕組みだ。それが堆肥になり、家庭菜園などに利用できる。

悪臭という問題点は現場で生活していなければ分からない。現場発の問題点の克服は極めて大事だということが改めて分かる。

それに呼応するような豊重さんの言葉を紹介したい。

「国も地方も地域再生、地域再生と言っているが、何を地域で再生させるかは、現場で考えればいい。使っていない人、使っていない財産、眠っている財産はどこの地方にも多い。ただ、こうした財産を再生させるアイデアが重要だ。それを考えて、集落

を引っ張っていくリーダーが必要だ。それこそが地域再生だ」

地方創生の議論になると、とかく注目されるのは、都道府県や全国の市町村の役割だ。首長のリーダーシップの下に、どのような政策を行っているのか、に注目が集まる。

しかし、私は『やねだん』の土着菌の成功物語を見るにつけ、県や市町村より、町内会、集落単位に目を配った方がいいと思わされる。

現場の問題点や課題。そしてそこから湧き上がる知恵や処方箋。政府はそういう〝虫の目〟で見て政策判断すべきなのだ。

『やねだん』は土着菌という〈あるもの〉を利用して、お金に結び付けた。〈ないもの〉ねだりから〈あるもの〉探しへ。『やねだん』の手法は、わが国のいたるところで普遍性を持つ。

「財源を頂戴というのが陳情だが、こんなことをやっていたら、国も持たないし、リーダーの勇気さえも出てこない。補助金に頼らないという基本姿勢は、集落全体の総力戦になる」

豊重さんはそう語る。

豊重さんの言うような補助金に頼らないという基本姿勢が今後ますます重要になる。国とのパイプの太さをアピールし、補助金や公共事業を獲得するため、頻繁に東京に出張することがリーダーの役割ではないと思う。住民と向き合い、絆を深め「総力戦」の体制を整えることが必要になる。

人は情熱と感動と洞察力を持ったリーダーに必ずついてくる。

情熱、感動、洞察力を持つリーダーは鬼に金棒だ。
「情熱」で人を動かし、「感動」で感謝の心を養い、
「洞察力」すなわち見通しをつける力で
率先して行動に出る。
この三拍子がリーダーの武器になる。

健康遊具初披露目

子供会でのリサイクル回収

リーダーとは何か？

『やねだん』を窮地から救ったでんぷん用のサツマイモは、高校生が汗を流して収穫し、順調に売り上げを伸ばした。しかし、その後しばらくたって、海外から安いサツマイモが入り、収益が悪化した。

豊重さんは安定収入が見込める加工食品が重要だと考えた。頭に浮かんだのが、**オリジナル焼酎の製造だ。**二〇〇三年二月のことだった。

そこで、旧知の仲だった鹿屋市の神川酒造の児玉正達社長に相談した。

「プライベートブランドの焼酎の醸造ができないでしょうか」

児玉社長はすぐに了解し、こんな感想を漏らしたという。

「（地方は）どこでも補助金を要求するのですが、『やねだん』は、補助金をカットしよう、補助金をもらわずに、逆に自分たちで財源を作り出そうというのです。その一

致団結力で集落を変えようという気概が見えました。どうしてもメーカーとして何かお手伝いしたいと思いました」

そして『やねだん』は、この焼酎用のサツマイモ生産を始めることにした。このサツマイモの最大のセールスポイントは、土着菌を使った生産である。集落では土着菌を使った自然農業で、玉ネギ、スイカ、トマトなどを作っているが、どれも味がしっかりとして美味しい。豊重さんはこの成功体験を踏まえ、土着菌で育てたサツマイモなら、きっと競争力のある焼酎ができるはずだと読んだ。

苗床を作り準備万端、さっそく、焼酎用のサツマイモの植え付けが始まった。サツマイモは順調に育った。十一月には、プライベートブランド焼酎用のサツマイモ掘りが行われた。集落の人々を中心におよそ百人がイモ掘りの作業に参加した。

そして、大量のサツマイモがトラックで、神川酒造の工場へ納入された。サツマイモは洗浄されながら、ベルトコンベアで運ばれた。

プライベートブランド焼酎誕生は目前だ。

商品を市場に出す際に重要なのは、商品名である。商品をどうアピールし、買ってもらうか。そこで、集落の人を対象に商品名に関して、募集をかけた。五点の中から、最終的に選ばれたのは「やねだん」だ。

豊重さんは焼酎のラベルにこだわった。

「集落の人が総出でサツマイモの生産に取り組んできたのだから、その様子をカラー写真で掲載したいと思ったのです。また、土着菌を活用していることから、自然農法による安心で安全な原料による焼酎であることをアピールしたいと考えました」

豊重さんは印刷店と一緒に、ラベルのデザインについて何度も話し合った。忙しい毎日を送っていた時、体調の異変に気づいた。大腸がんが見つかったのだ。すぐさま摘出手術を受けるため入院した。そのラベルの校正紙は豊重さんの病室に何度も届けられた。

二〇〇四年一月二十日にラベルが貼られた「やねだん」焼酎が豊重さんの病室に届けられた。ラベルには、集落の人々が写る集合写真が掲載された。

豊重さんにとっても集落にとっても、待望していた焼酎「やねだん」だ。

「土着菌堆肥のさつま芋使用」とのラベルを貼った。

焼酎「やねだん」

インターネットなどで販売した。当初は地元が中心だったが、その後、全国から引き合いが来るようになった。

入院の際に、集落の住民二百人が豊重さんを見舞った。

公民館長就任の際に、入院見舞金二千円で返礼なしという〝決まり〟を作っただけに、自分への見舞金にどのように応えるべきか、悩んだ。妻は半分の金額をお返しすべきだと主張していた。しかし、それでは〝決まり〟を自ら破ることになる。

その時、良いアイデアが浮かんだ。焼酎「やねだん」のモニュメントの建立だ。それをお見舞いのお返しにすることにした。高さ四メートル、直径六十センチの木に「やねだん」と刻印した木製のモニュメントである。公民館の隣のわくわく運動遊園に設置した。

そして集落の道標として一メートルのミニモニュメントも十基製作した。

豊重さんは退院の日に住民に対し有線放送でお礼を言った上で、見舞金の返礼の代わりに、モニュメントを製作したと話した。

この焼酎はその後、大化けする。

そのきっかけを作ったのは、ホテルチェーンなどを展開している韓国の実業家、キム・ギファン社長だ。

キム社長は二〇〇九年、たまたま滞在先のホテルのテレビで『やねだん』を紹介したVTRを見た。

補助金に頼らない自主自立の精神にすっかり心を奪われた。韓国も、過疎化に悩まされており、『やねだん』の取り組みに驚いたのだ。そして、現場を実際見てみたいと思って、『やねだん』をお忍びで訪れた。

その後、キム社長はこの焼酎を韓国に輸入することを決断した。そして、韓国第三の都市の大邱《テグ》市で経営するホテルを改装し、日本風の居酒屋「やねだん」をオープンしたのだ。『やねだん』から一千本単位で焼酎を輸入し、店で販売した。

キム社長はその後も韓国内に次々に店舗を出し、今ではソウルを含めて五店を展開している。感動が韓国の経営者を動かしたのだ。そこには険悪な日韓関係はみじんも見られない。

「リーダーは魔法使いではない。杖を一振りして地域を変えられるものではない。己の胸のうちに絶対に動じない価値観を持つのが大事だ。ひらめきを先送りせずすぐに実行すべきだ。自分自身が躍動し、汗を流さないと人に感動を与えられない。情熱で人を動かすのがリーダーだ」

と、豊重さんはリーダー論を展開する。

豊重さんの話を聞くたびに、気迫、胆力を持ったリーダー次第で地域は劇的に変わる、と私は痛感する。

良きリーダーなくして、組織の活性化はあり得ない。

リーダーの要素とは、

一、役職をタイミングよく後継者へ譲る勇気があるか。
二、真剣に真心を持って後継者に心を寄せているか。
三、名誉や物に対して無欲であるか。
四、夢を託されるだけの創造力・企画力があるか。
五、率先垂範、すなわち行動力があるか。

自分たちのことは自分でやる

「家の中には、誰もいないですよ。一人ぼっちです。これを押せば、近所の方が集まるんですよ」

「困った時は、もう電話も掛けられないしね。これは、便利で助かりますよね。有難いと思っております」

「命の繋ぎですね。大事なんです。本当に一人では何もできませんから。これがあれば、安心して心も安らぎますよね」

『やねだん』の高齢者が口々に評価するのは、**緊急警報器**のことだ。

高齢者は、体調が悪くなった時や、不審者を見かけた際、スイッチをオンにする。すると、集落の大通りに面した赤色灯が回転し、ベルが鳴って周囲に危険を知らせる。近くにいる住民はそれに対応する仕組みだ。リウマチで歩くことさえできないおばあさんは、就寝時、腹の上にスイッチを握りしめているという。

一人暮らしの高齢者の増加は『やねだん』にとって悩ましい問題だった。二〇〇〇年時点で集落の人口およそ三百人のうち、六十五歳以上の高齢者は百三人、そのうち二十三人が一人暮らしだった。

一人暮らしの高齢者は、夜中に具合が悪くなっても一一九番できないかもしれない。そこで豊重さんが思いついたアイデアは、緊急警報器の設置だった。申し出のあった高齢者の自宅に配置したのだ。もちろん無料だ。

「集落の人に、『やねだん』に住んで良かったなと思いながら、老後を過ごしてもらいたい。遠くの親戚より、近くの他人。地域が見守ってくれる環境こそが大事。不安や不満が出ないようにするのが心の福祉だと思うんです」

費用は一カ所につき約五万円。サツマイモの売り上げで集落が購入した。

豊重さんによればこうした緊急警報器は、補助金でも設置は可能だ。ただその場合には、オペレーターが常駐することが条件となるという。それでは警報器以上に人件費が必要となる。『やねだん』では、「集落は家族」であり、警報器が鳴れば、誰かが気づいてくれるので、オペレーターは不要というのだ。今では集落の十八世帯に警報器を設置している。

緊急警報器だけではない。「安全・安心の地域づくり」を実現するため、新たな手段を打ち出した。百三十のすべての家に防犯ベルを配布したのだ。市販のもので、玄関や裏戸などに設置し、勝手にドアを開けると、大きな電子音が響く。

鹿児島県警の仕事の八十％が窃盗に関連しており、『やねだん』でも、車上荒らしが起きていた。

こうした状況を踏まえ、豊重さんは犯罪の予防が必要だと感じた。

「安全・安心な暮らしのできる地域にするため、自分たちで犯罪予防をしよう」

防犯ベルの代金や、設置料などの負担はない。すべてサツマイモなどの収益で賄った。

こうしたハード面だけではない。安全・安心は、集落の人たち自らが率先して実行しなければならない。そこで、考えついたのが、「柳谷安全パトロール隊」だ。集落のいわば見守り隊だ。豊重さんは、高齢者は人と話したがっているはずだと想像した。高齢者の自宅を訪れ、話し相手となったり、安全確認をしたりする。また、集落内の不審者を警戒する役回りでもある。

それはすべてボランティアだ。普通のサラリーマンや、新聞配達をする人、毎日ウォーキングする人などにお願いした。

夜光塗料で印字したパトロール帽子をかぶって見回りを行う。

「被害にあってからでは遅い。集落を挙げて防犯意識の向上を図っていきたい。補助金頼みになると制約が増えるばかり。自立心が失われ、真に地域のためにはならない。自分のことは自分でやるのが当たり前だ」

と、豊重さんは語る。

防犯を警察だけに依存せず、できることは自分たちでやるという姿勢。そこには、徹底した自主自立の精神が見える。

豊重さんは安全・安心にこだわる理由を説明する。

「地域は不満だらけ。不安だらけで、無理解なことばかり。いろんなマイナス項目が充満し、その対策を行政や国にお願いしている。自分たちでできることは自分たちでする、不安解消も自分たちでやるという地域がどんどん出てくれば、もしかしたら日

本中で警察も要らなくなる。安全・安心で住んでいて良かったという地域が増えればいいのです」

自主財源、地域の安全・安心……。行政にすべてを頼らず、自分たちでできることは自分たちでやる。そうした豊重さんの心構えをいかに全国に広めるか。いち早く着目したジャーナリストがいる。

鹿児島の南日本放送のキャスターだった山縣《やまがた》由美子氏である。彼女は、二〇〇四年にシンポジウムでたまたま豊重さんの話を聞いた。

「地域を再生させるためには行政に頼っていてはダメ。なぜならそこには感動がないからだ。地域のみんなで汗を流して自主財源を持ち、一つ一つの課題を克服していくことで感動が生まれる。人がまとまる時、力を合わせる時というのは理屈や命令によって生まれるんじゃない。感動して仲間意識を持った時にみんな喜んで動き出すんだ」

豊重さんの言葉が山縣氏の心に刺さった。

『やねだん』の地域再生の取り組みをＶＴＲに収めようと考えた山縣氏は「今からで

は遅すぎるかもしれないが、地域再生の様子をカメラで取材させてください」と申し込んだ。

豊重さんは公民館長に就任後、六年間はテレビ取材を断っていた。

豊重さんは「もう少し早かったら、僕は取材を断っていた。組織で地域運営をして、本格的に動き出す前に、ブラウン管に出ると、地域はまとまらなくなる。『哲郎は、目立つことばかり考えている。町長選にでも出るんじゃないか』といった不信感が出ると、『全員野球』の地域再生はできない。本当にまとまるまで、リーダーの私は黒子でいるべきだと思っていました。でも今なら大丈夫。ちょうどいいタイミングです」と応じた。

同じ鹿児島県といっても、南日本放送のある鹿児島市から『やねだん』は遠い。三時間かけての『やねだん』通いが始まった。テレビで何度も特集として放送したが、その集大成として『やねだん〜人口300人、ボーナスが出る集落〜』という番組を作った。それは、ギャラクシー賞、石橋湛山記念早稲田ジャーナリズム大賞、農業ジャーナリスト賞など、軒並み賞をもらった。

そしてこの番組はＤＶＤになり、英語版もできて世界百三十八カ国に渡った。

山縣氏はその後、キャスターから九州大学の理事に転身した。私は同じテレビジャーナリズムに携わる者として、尊敬の念を抱く。

世界は、『やねだん』の取り組みを知りたがっている。

東京大学の元総長、小宮山宏氏は、日本の現状について「課題先進国」だと喝破したが、その典型例が人口減少である。世界で最も深刻な人口減少に悩まされているからだ。

日本の課題。それは、他国も今後抱える大きな問題だ。

中国では今年から、韓国でも二〇一九年から人口減少が始まるとされている。また、ドイツやロシアなども人口が減少していく見通しだ。

『やねだん』の番組が世界に紹介され、世界の課題の処方箋になっている。

『やねだん』は、限界集落にならず、「世界の村」へと変貌を遂げた。

山縣氏は「排外主義のトランプ政権が誕生して、ますます、豊重さんの地域づくりの重要性を考えるようになった」と語る。

豊重哲郎のことば

7

出会いは最高のチャンス。
メディアは最高の友。

得た友は絶対に捨ててはならない。
特にメディアには知恵と経験があり、
それを持った人が多くいる。
あらん限りの知識と知恵を頂戴し、
リーダーとして成長できるからだ。

教育とは「変わること」

「地域の魅力はまず、安全・安心に子育てができることです。地域づくりの活動の内容如何《いかん》によって、Uターンや I ターンの雰囲気が醸成されてきます。地域づくりとは、魅力ある子育ての環境を作れるかどうかです。『やねだん』の人口構成を見るとここ最近、五歳までの未就学児が十三人います。高校生以下になると、実に三十人いる。つまり、人口三百人の一割が子供たち。子育てにふさわしい地域の匂いがするようになってきたのです」

今では、こう胸を張る豊重さんだが、それまでの道のりには厳しいものがあった。忘れられないニュースがある。それは、一九九九年に起きた、豊重さんの母校である上小原中学校三年生十二人が起こした校内暴力事件だ。教師に対して暴行を加え、さらには体育館の窓ガラスを叩き割ったのだ。小さな村で起きた事件だけに、学校の正門前にテレビの中継車が待機し、全国ニュースとして大きく取り上げられたのだ。警察は子供たちの取り調べをした。

この日、子供たちの親から相談される。

「豊重さん、助けてください。このまま子供たちを家に帰せば、家庭内でも暴力行為を起こしかねません」

そこで豊重さんは公民館で、親を同伴させ、子供たちから話を聞いた。三時間半ひたすら思いを聞く。話せば、いい子供たちだった。子供たちからは、

「勉強をしたいけど、やり方が分からない」

「集落の人は声も掛けてくれない」

などと不満の声が聞こえたという。

親や教師などはもっと熱く、子供たちと接すべきだと、思い知らされた。

そして、翌日のPTA臨時総会で発言した。

「事件を起こした子供たちは悪い。でも起きたことは仕方がない。ここまで事態を見過ごしてきた親、地域、学校の責任も重大だ。親も、地域も、先生も、生徒たちに土

下座して見て見ぬふりをしてきたことを謝ろう」

そこから、集落が子供を守るべきだという姿勢を打ち出した。「おはよう声かけ運動」を始めたのだ。百三十戸の人たちが「おはよう」と書かれたうちわを持参し、三カ所に分かれて立って、子供たちに声かけを始めたのだ。

子供や孫を持たない高齢者も参加した。声かけを行い、子供たちから元気をもらえたと喜んでいるという。他人の子にも自分の子供のように接する第一歩だ。

そして、子供たちのために次の一手を打った。

豊重さんがある中学生に「どうしてこんな悪さをするのか」と尋ねたところ、「勉強を理解できない。授業中に何をしていいのか分からない」という答えが返ってきた。「それじゃ、公民館で勉強を教えてやろうか」と言うと、その中学生は乗り気になった。

これがきっかけで、**自治公民館で週三回の「寺子屋」**を開始したのだ。小学五年生から中学三年生の希望者を対象にした学習塾である。

指導科目は算数・数学と英語。鹿屋市で退職した教員が講師となり、個別指導を行った。月謝は千円。サツマイモで儲けた自主財源から、十八万円を補助し、講師への謝礼金に充てた。

寺子屋をスタートした際、分数のできない生徒が三人いた。しかし、個別にゆっくり教えると、本人たちは徐々に理解する。五週間で、分数の計算問題が解けるようになった。すると、うつむきかげんだった子供たちは笑顔になっていく。

寺子屋が公民館で行われていることも重要な点だ。

「この建物、敷地も集落全体の財産ですよ。そこをいつもは会合とか総会で使うのですが、子供が出入りする、寺子屋として使うのです。受付も要らなければ経費も使用料も要らない。すなわち自己管理で自由に使うのです。自主財源があるから月謝は集落が補助します。自宅に近い公民館だから、送り迎えも必要なしです」

この寺子屋には今では小学校一年生の参加も見られる。

「将来のある子供たちには、『やねだん』に住んでいて良かったと思ってもらいたい。地域活性化で重要なキーワードは文化と子供です」

さらに、豊重さんは、日本全体を俯瞰する。

寺子屋での様子

「地域の子供が『日本で学んで最高よ、働いて最高よ』っていうワクワクするような形の日本にしたい。そんな地域づくりのテーマを全国展開したいと思っています」

『やねだん』が営む寺子屋はもちろん補助金に頼っていない。お金の面では楽ではないが、逆にメリットもある。

「補助金に頼ると、時間規制とか安全面の問題とか、責任者とか、決まった枠にはめられる。補助金に頼らない方が自由でいろんな教育、例えば道徳や礼儀までここで教えることができる」

豊重さんは、子供たちの心を取り込む

ため、工夫を凝らした。

素行の悪い子供たちに「お前、学校でとんでもない悪さをしているそうだな」と言えば、この子らはそっぽを向く。一方、名前とともに「おはよう！　元気やったか」と呼びかけたら、この子らの心も打ち解ける。**「名前を呼んで目と目で会話ができることが重要だ」**というのが信念だ。

「問題を起こした子供たちに世間はレッテルを貼り、子供たち自身、自分が白い目で見られていることを認識している。しかし、子供たちは心の扉を開くチャンスを待っている。私はそんな子供たちの話を聞き、一緒に食事をし、ともに涙を流します。そうすると、時間をかけた分だけ心の扉を開いてくれます」

豊重さんが子供たちの教育に力を入れるのには、理由がある。一九七一年から二十年間、上小原中学校のバレーボール部の監督を務めていたからだ。

一日も休むことなくバレーボールの指導を行ってきた。この時、豊重さんが痛感したのは、ボランティア精神で子供たちと汗を流し、積極的にコミュニケーションを図ることが重要だということだ。そして、部員全員を試合に出し、とにかくほめた。**ほ**

めることで人間は育つ。それは、子供たちから教えてもらったという。補欠の子供もやる気を出し、チームは強くなる。

「万年補欠の選手も試合に出しほめました。そうなると、万年補欠の子の目は輝き、チームの結束力が強まりました。その結果、県内屈指の強豪校になったのです」

「学校崩壊を学校だけの責任にしてはいけない。地域にも責任がある。家庭と地域の崩壊も進んでいる。これらを更生させるのも大事なことである。子供たちの存在感を地域の中で出したい」

というのが豊重さんの思想だ。さらに、

「教育とは『変わること』だと思います。それは勉強ができるようになることではない。小さい声の挨拶が大きな声になるとか、努力して変化することだ。変化を促して個性を伸ばすことが大人の役割なんです」

と話す。

豊重さんの教育論を聞くと、思い出すのは、「メザシの土光《どこう》さん」として知られた土光敏夫氏のことだ。土光氏は経団連会長を務めるなど財界人として知られているが、一方で母親が遺した学校の理事長を務めていた。教育者の側面があったのだ。

「人間は変わるものだ」というのが持論の土光氏はこんな言葉を遺している。

「花でも野菜でも種を蒔くだろう。同じように蒔いても、早く芽が出てすくすく育つのと遅いのとがある。人間も同じで、遅いようでもじっと見守っていると、あとで大きく育っていく」

経営者時代も、過去に失敗を犯した社員に、レッテルを貼らずにどんどん登用した。

豊重さんと土光氏の言葉は通底している。

豊 重 哲 郎 の こ と ば

8

教育とは、「ほめられて成長」「認められて感動」。

環境は人を作る。
一緒に食事し、一緒に涙し、笑い語り合う。
他人のために涙を流すことができるか。
人間は信頼関係で大きく変わるものだ。

ボーナスの出る村

豊重さんが館長に就任して十年となった二〇〇六年五月、『やねだん』が一躍有名になった。

「ボーナスの出る村」として、新聞、テレビで大きく取り上げられたのだ。

集落の百二十二のすべての世帯に一万円のボーナスを支給した。自主財源がついに五百万円となった。サツマイモの栽培、土着菌の製造販売などが集落を潤したのだ。しかも、町内会費は年七千円から四千円に引き下げている。町内会費の全廃なども検討されたが、「より夢があって感動も生み出す方策」として、一万円のボーナス支給となった。

五月三日のボーナス支給式典には、町内会の約七十人が参加した。豊重さんは一人一人にのし袋を手渡した。集落の人すべての顔を見て、これまでの歩みと感謝の気持ちに豊重さんは涙ぐむ。

豊重さんはボーナス支給の理由を話す。

「ボーナスは、一緒に、汗してくれてありがとう、協力してくれてありがとうという意味で出しました。コツコツ休耕地を活用したり、焼酎を作って販売したり、土着菌の販売で収入が得られたりして、十年で財源として五百万円ぐらい蓄財できたのです。これ以上、蓄財するよりも、住民に還元してあげる方がいいと思いました。それに、この十年、協力をしてくださった人たちが十八人他界しました。こういう人たちに感謝の気持ちを示す意味合いもありました」

当時九十二歳の福ケ崎春香さん。豊重さんは支給式典で「サツマイモ植えには積極的に参加」と言って、彼にボーナスを手渡した。そこには「あなたは集落の大切な機関車です」といったメッセージが添えられていた。福ケ崎さんはこのボーナスを大好きなパチンコにも使わなかったという。

今はもう福ケ崎さんは鬼籍に入ったが、彼の奥さんは「ボーナスをもらって、おじいちゃんも喜んでいた」と当時を振り返る。その時もらったボーナスののし袋は大切に仏壇に保管されている。

福ケ崎さんに対してだけではない。八十歳以上のすべての人に、

「集落のために協働してくれてありがとう」

という豊重さんのメッセージが添えられていた。

豊重さんは式典の前日、過去十年に他界した人たちの家を一軒一軒訪れた。地域再生に汗してくれたことに、感謝し、彼らの分のボーナスを家族へ手渡したのだ。公民館長就任以来、十年。その間のさまざまな取り組みに賛同してくれて「ありがとう」という気持ちを伝えるためだった。

『やねだん』では、豊富な財源をいかに使うかを、毎年考えている。

二〇〇八年三月の集落の総会。豊重さんは「今年もボーナスに使おうと思っています」と提案すると、「ボーナスは一回でいい。子供たち、孫たちのために、教育にお金を使うべきだ」「福祉に使って」という意見が出た。集落の人々も臨時の収入はとても嬉しいはずだった。しかし未来への投資を望んだのだ。豊重さんはみんなの気持ちに涙が出るほど感動した。

さらに、別の年には手押し車を用意した。これまで集落を支えてくれた高齢者に感謝の意を示すためだ。この手押し車は荷物の入る収納スペースだけでなく簡易な椅子にもなる。高齢者はどこにでも歩いていけ、疲れたら椅子に腰かけ休憩できるという代物だ。お揃いの色に『やねだん』マークが入った手押し車を十九人に貸与した。

集落の高齢者が、散歩がてらに井戸端会議を開く光景も見られるようになった。これにも、手押し車が一役買っている。高齢者は足腰も丈夫になったという。

豊重さんの自主財源論は説得力がある。

「補助金というのは『はい、どうぞ』と、天から降ってきたようなお金だ。そこには、感動がない。だから、アイディアも出ない。一方で、自分で汗してお金を作って、これを使うとなったら、みんな真剣に考える。その場合は、アイディアや提言が出てきます。そのお金が実際に使われる段階になると、みんな感動するのです」

その上でこんな言葉を放つ。

「大金を積まなくてもみんなで知恵を出し合えば、いろんなことができる。高齢者も集落も元気になる。これが生きた福祉です」

ボーナスがいいのか、手押し車がいいのか。財源があるからこそ、ボーナス支給という「バラマキ」もできれば、町内会費引き下げという、いわば「減税」も可能なのだ。手押し車は社会保障の拡充と言っていいかもしれない。

豊重さんは公民館活動についてこんな見解を示す。

「自治公民館活動に魅力がなかったら脱会者が出ます。七千円納めるだけで、何もメリットがないと、それは最悪です。自治公民館長の仕事は、町内会費を納めてくださいと言うことよりも、自主財源を作ることです。年間百万円の財源の活用ができれば、集落内の町内会費は要らないかもしれない」

『やねだん』は町内会費を引き下げた。すると集落では、「町内会費を削減してくれるのだから、活動に参加するのは当然だよ」という声があがった。

町内会費を削減するのは、その年、一年だけではない。この先ずっと減額して会費を徴収していくことになる。それは、集落の財務に多少なりとも影響を与える。

こうした状況を踏まえ、豊重さんは強調する。

「やはり、地域活生化の最後の決め手は財源確保。それも自主財源の確保です。一つ

の集落でもビジネス感覚のある経営が大事だ。集落は、町内会費を徴収して積立金だけで運営するものではない。財源ができれば、ボーナスとして還元もできますから」

考えてみれば、地方は補助金にぶら下がってきた。国、県、市町村、町内会。金を出す方が偉いという図式だった。それゆえ、国からの天下りが県に、県からの天下りが市町村にというのが日本の構図だった。

ぶら下がっている方にも、自ら金を稼ごうという気概が決定的に欠如していた。

ぶら下がり、補助金を当てにすることこそが仕事だと思っていたのだ。

全国の自治体の動きに精通している地域活性化センター理事長の椎川忍氏は自立の精神については江戸時代から学ぶべきだと主張する。

「江戸時代の藩は、どんなに貧しくても、人材が一番大切であることを理解してどこも藩校をつくって人材育成をした。そして、風土に見合った特産品を開発して藩の財政を立て直そうと努力した。つまり、幕府は藩からお金を取り上げることはあっても面倒をみることはなかった。藩は苦しい思いをしたが、反面自立心は著しく強くなったといえる。いま、地方自治体や地域は、江戸時代の藩の爪の垢でも煎じて飲むべき

だろう」

椎川氏は、こう、強烈な言葉を投げかける。日本全国で自立精神が見られなくなっているのだ。こうした構図にしなやかに対抗する豊重さん。「絆」という旗印を掲げて、自分でお金を稼ぐ姿は、ある意味で「革命の志士」のように感じる。

豊重哲郎のことば

9

挑戦は喜びの延長線。

自ら生産しそれを還元していく喜びがあり、
楽しみがあるから人はついてきてくれるし、
参加もしてくれる。
だからこそ次への挑戦ができるのだ。

ビジネス感覚で人を呼ぶ

豊重さんは、人口減少に歯止めをかけるため戦術を練った。**集落に数多くあった空き家の利用である。**二〇〇七年から「迎賓館」と名付け、全国から芸術家に移住してもらったのだ。空き家の補修費用は、もちろん自主財源から出す。サツマイモや土着菌、焼酎などの販売で得た利益で賄っている。

陶芸家、写真家、画家、ブロンズ彫刻家などが、迎賓館で生活し、制作に励むようになった。家賃は無料のところもあれば、月一万円のところもある。迎賓館は今では一号館から七号館まであり、移り住んだ芸術家が子供を産み育てている。

地域の外から人を呼び、着実に人口増につなげているのだ。

豊重さんはこの移住策の背景について語った。

「子供を産んで増やすのは簡単ではない。大事なのは、転入、移住です。だから、空

き家を利用して芸術家を呼ぶことにしました。『芸術の村』となれば、おもしろいなと思ったからです。魅力のある地域づくりができれば『おっ、あの地域には文化があるね』とか『子育てにムードがあるね』なんて言われるようになり、Iターンや U ターンが増えるのではないかと思います。ムードある文化が根づく魅力のある地域は若者を吸い寄せる磁石になるのです」

その上でこう付け加える。

「外から人を呼び寄せるには、教育の場などの環境づくりが欠かせません。これが地域の大切な人口維持策です」

転入に際しては、芸術家らに対し地域活動に参加することを移住の条件にした。例えば、中学生の作品制作を指導したり、住民に芸術に親しんでもらうため三カ月に一回個展を開いたりすることだ。芸術家たちも、それに大乗り気で、集落に溶け込んだ。

ただ、『やねだん』はやみくもに人を呼んだわけではない。

「芸術家には一万円の家賃などで住んでもらいますが、『やねだん』にふさわしい人かどうかしっかりと面接します。地域の子供たちと接点を持てる人というのが絶対条

件。学歴などは問いません。努力してその道のプロになったという人がいいです」

また、廃業したスーパーでは「ギャラリーやねだん」として芸術家たちの作品が展示・販売されている。牛小屋を改良したカフェ兼ギャラリーを拠点にする画家もいる。かつて精米所だった建物は、陶磁器を制作する場として生まれ変わっている。

画家、陶芸家、写真家、ガラス工芸作家……全国から芸術家が集まり、芸術村のような様相となっている。

こうした『やねだん』の取り組みが報じられると、若い家族のUターンも増加した。テレビや新聞で紹介されると、改めて故郷の良さを痛感し、戻る家族も増えたのだ。好循環となり、減少の一途をたどっていた人口が二〇〇七年に増加に転じた。

集落には移住してきた人を受け入れる土壌ができていた。

ファッションや広告のカメラマンだった河野セイイチさんは二〇〇七年六月に『やねだん』に移り住んだ。河野さんは静岡出身で、ガラス工芸作家の妻、静恵さんは富山出身だ。二人はそれまで富山に住んでいた。

二人は移住に際して、事前に『やねだん』を訪れた。そこで目にしたのは、元気に子供たちが遊ぶ風景だった。そして豊かな自然環境にも心が動いた。当時、静恵さんは妊娠五カ月だった。二人はこの環境で子育てをしたいと考えた。

引っ越して二週間たった早朝、静恵さんは突然陣痛を訴えた。出産予定日より一カ月も早かった。豊重さんは二人を知り合いの産科に連れていった。その直後に分娩室から産声があがった。

集落では五年ぶりの出産だった。夫婦は集落で教えてもらった人と人との結び付きの大切さを踏まえ、子供を「輪《りん》」と名付けた。

河野さん夫婦は子供を集落でお披露目した。五十人ほどが集まった。九十二歳の最年長の男性が生まれたばかりの子供を抱いた。小学生が「赤ちゃん万歳」と音頭を取り、みんなが両手を掲げた。

河野セイイチさんは、『やねだん』専属のカメラマンだ。高齢者から子供まで集落の人々の顔を撮っている。年間六千人以上にもなる視察者の集合写真の撮影も彼の仕事である。一枚八百円。河野さん、そして『やねだん』の収入になる。ここでも重要なのは儲けである。

移住してきた芸術家たちは、新たに「求心力」を持ち始めた。集落の高齢者から若者までに芸術の手ほどきをするだけではなく、全国の芸術家志望の人が滞在するようになったのだ。『やねだん』の芸術家らに教えを請うためだ。外から人が訪れれば、それはまた、収益源になる。

この芸術家移住の試みは、新たな形になっている。毎年ゴールデンウィーク期間中に開かれる「やねだん芸術祭」だ。「めったに見られない芸術祭」というキャッチフレーズで、『やねだん』だけでなく、全国から集まった芸術家たちが、自分の作品を展示・販売するイベントだ。前衛的な絵画や彫刻、陶芸作品などが空き家や屋外に並ぶ。また、若いミュージシャンらも参加し、音楽を奏でる。フリーマーケットや屋台も並ぶ。この日は派手な原色の服を着た若者たちが集落を闊歩する。開放区のような様相で、里山の集落が一変する。しかし、集落の人は大歓迎し、若い芸術家らと交流を深める。

「神社仏閣もないこの集落では知恵を絞らなければ、人は来ない」

という豊重理論で実現した芸術祭だ。年々来場者も増えている。

そして、豊重さんは空き家の新たな利用法も検討している。地元の鹿屋体育大学の学生向けに貸すことだ。

「こういった形の空き家を、今度は大学生の寄宿舎にしようと思っています。そうなると、大学生が集落でイベントにも参加する。日常的に子供と交流する。子供の意識にも変化が出てくるでしょう」

月々一人五千円で空き家に寄宿させれば、二人で一万円。四人で入れば二万円の計算になる。

「集落は今、活気があり、笑顔がある。しかし、地域再生は、ボランティアの延長線上では長続きしない。ビジネス感覚をいつも持っていることが大事です」

それは地域再生で最も大切な点だと思う。持続的に活動するために、地域や自治体はもっと金儲けに重点を置くべきだ。

夢ある創造力は前進。
満足はただの後退。

夢は必ず描くべきだ。
夢を持ち続けるから
人生は冒険なのだ。
夢ある創造力を持つ人は、
必ず実行に移せる。

故郷創世塾の講義の様子

行政にはないスピードで

私が訪れた公民館は、異様なまでの熱気に包まれていた。揃いの黄色い法被を身にまとい、講義を受ける男女がいる。みな一様に真剣な表情だ。彼らは、北海道から九州までの自治体や社会福祉法人の職員らだ。二十代や三十代の若手が中心で、総勢四十八人。最年長は六十九歳だった。どのようにして地域を再生すべきか、リーダー育成を主眼とした塾。豊重さんを筆頭に、十年前に始まった地域再生のプロたちが教える講座「故郷創世塾」だ。塾生たちは、座学以外にも、「やねだん」の集落の高齢者の話を聞いたり、子供たちと交わったりする。塾生たちは地元に戻って、やねだんで学んだことを実践する。

豊重さんはその塾長だ。独特の熱気を放つ。時には大声をあげる。講義をしながら、突然塾生の名前を呼ぶ。眠い目をこすっていた塾生ははっと目を覚ます。そこに豊重さんは近づき、肩に手を置き励ます。

「俺は塾生の名前を命がけで覚える」

驚くべきことに、豊重さんはこの塾の最初の日に、四十八人の塾生の名前と出身地、仕事内容などをすぐに覚える。そうすることであっという間にファミリーのようになっているのだ。

この塾はとにかくハードだ。通常、金曜日の昼過ぎに開塾式があり、月曜日の午後の閉塾式までスケジュールはぎっしり詰まっている。グループディスカッションや講座、住民との対話を行う。夕食後も、豊重さんの講義などが続き、睡眠時間は平均二時間。三日合わせても六時間程度だ。午前四時ごろでも豊重さんの声は響く。まさに不眠不休の状態だ。

豊重さんの主張を聞きながら、塾生の中には、感極まって涙を流す人もいる。

故郷創世塾の講師陣には豊重さん以外にも、地域活性化センター理事長の椎川忍氏、地域活性化伝道師の木村俊昭氏、元ＮＨＫアナウンサーの森吉弘氏らが名を連ねている。

また、韓国でホテルを経営している東光・ジェイズグループCEOの、キム・ギファン氏も講師だ。

塾生は、公民館で講義を受けるだけでなく、集落を歩いて住民たちと語り合う。集落の高齢者、リーダー、移住してきた芸術家らにインタビューするのだ。

宿泊場所は修築された空き家だ。受講料や宿泊代、食事代などの参加費のほか、交通費も各自負担する。

塾生たちは、故郷創世塾を終えた後、地域に戻って、その再生に汗を流す。「こんな経験をしたのは初めて。研修を終えて、役所に戻ったら、もっと現場に飛び出す公務員になりたい」と塾生たちは目を輝かせ、口を揃えて語る。

ある市役所の職員である塾生は、「私は地域づくりのリーダーになりたいと思っています。そのためには自分が人に感謝と感動を今すぐにでも与えられるような取り組みをしていかなければいけません。しかし、今回の塾で学んだのは、人にはすべてが伝わるとは限らないということです。豊重塾長の苦労が明確に分かりました。大事なのは『急がない、慌てない、近道しない』といった気持ちなのですね。塾で学んだことを、地域づくりに役立てようと思っています」と感想を述べた。

また、別の市役所から来た塾生は、「行政の補助金というのが住民の自立の阻害要因になっていると痛感しました。そこを変えていくための取り組みをしたいと思っています。行政側としてもどうすればいいのか。やはり、地域に実際に出て、本当の課題を認識しながら制度を変えていきたいと考えています」と地元に戻ってからの抱負を語った。

この故郷創世塾は二〇〇七年に始まった。当初は県内の公務員向けだった。鹿児島県や鹿屋市、志布志市、出水《いずみ》市の職員九人が〝塾生〟だった。講師は町内会の八十歳から九十歳の三人。こうした長老らが養豚業の経験などを語った。集落そのものが教室となった。豊重さんは「縦割りの役所の中だけで物事を考えていても地域という横とのコミュニケーション能力が育たない」と指摘し、塾を作った。

地域と行政とはどうも距離がある。それを縮め、行政職員の能力をもっと引き上げるのが狙いだった。

その後、創世塾は、塾生の対象を県内在住者だけでなく、志を同じくする全国の人人へと広げた。地域づくりのリーダーを育成するためだ。

五月と十一月の年に二回開催される。二〇一六年十一月までの塾生は延べ八百三十八人になる。『やねだん』のDNAは各地で花開いている。

卒塾生の中には、首長もいる。若手に交じり、同じように黄色い法被を着て講義を受けた。そのうちの一人が奈良県十津川村村長の更谷慈禧《さらたによしき》氏だ。職員五人と一緒に入塾した。

「三日で六時間しか眠れませんでしたが、豊重館長には大いに勉強させてもらい、その後の村づくりで役立ちました。我々もついつい、県や国に頼ってきたけれど、自分にできることは自分でやらなければならないということを再認識しました」

更谷村長はそう成果を語るが、首長といっても特別扱いではない。役場の職員全員の名前を覚えているかと質問され、更谷村長は、すべては覚えていないと返事した。するど、豊重館長から大目玉をくった。

「職員全員はファミリーだ。大事なのはフルネームを覚えることと笑顔で接することだ」

創世塾での経験が、のちに起きた水害からの復興に大いに役立った。

十津川村は「日本一広い村」として知られるが、二〇一一年の台風十二号の影響で、土砂崩れや川の氾濫が起きた。その結果、死者六人、行方不明者六人の大惨事となった。

「残念ながら死者と行方不明者がでましたが、村民が、自分たちの命は自分たちで守る気持ちでいてくれたことが、嬉しかった。役場に依存するのではなく、住民が一人一人、何をすべきか考えた。『やねだん』のようにコミュニティーが一致団結しました。故郷創世塾で学んだ経験が、生かされました」

と、更谷村長は語る。

復興は異彩を放つ『やねだん』流だった。仮設住宅はプレハブではなく、あえて、村の木材で建設した。この村の面積の九十六％は山林である。そして、その住宅を作ったのも、地元の大工だ。

「木材」も、「大工」もいわば十津川村にある〝財産〟である。「それぞれの地域の財産を利用しろ」という豊重さんの教えに沿った形だ。さらに、十津川村では、木材の付加価値を生み出すため、家具の製造なども行っている。「原木を売るだけでなしに、机も住宅も、加工から製品化までして十津川の木を売り出す」という。自分で稼ぐ、『やねだん』流を導入したのだ。

「先人が残してくれた森林という資源が足元には眠っていたのです。水害になっても、少しでも被害を少なくするためには、山を放置してはいけないと痛感しました。村では『山を守ろう』という考えが浸透しました」

山形県最上町の町長の高橋重美氏も塾生として入った。

高橋町長は二〇一五年春、保育料の完全無料化を実現した。豪雪期が過ぎた三月中旬から、道路の雪を町民の協力で処分し、年間の排雪費の縮減に努めた。

少しでも、町のお金を浮かせて、保育料に充てる。そんな意識づくりを住民の間で浸透させた。「町全体が隣の子供を育てる意気込みで、『子育て王国』にしたい。子供の成長には学校だけでなく、地域も大切だ。地域のみんなが子供たちを小さい時から可愛がるのが大事だ。子供たちが大いに勉強して、いずれは最上町に戻ってきてほしい」

「子育て王国」という明確なビジョンは『やねだん』精神が原点だという。

高橋町長は「街づくりの主役は、行政でなく、町民だ。町民が誇りを持ってこそ、地域は再生する。『ないもの』ではなく、『あるもの』を生かして頑張りたい。みんなが頑張る『全員野球』の精神を『やねだん』から学んだ」と話す。

自ら塾生だったわけだが、これまでに町の職員もおよそ二十人、故郷創世塾に送り込んでいる。

豊重さんに叱責されても、地域再生のため少しでも進歩したい。そんな思いで、若い人と一緒に、塾に入る首長。私は彼らの話を聞くと、その情熱に圧倒される。こんなリーダーが増えることこそが、地方、そして日本を変える原動力となる。

なぜ豊重さんはこの塾の開催に踏み切ったのか。

大腸がんになったことが契機となった。医師からは、余命五、六年と宣告された。

闘病中にノートに書き留めた自分の経験を、後輩たちに伝えようと思ったのだ。

豊重さんは「『やねだん』でできたことはほかの地域だってできる」と考えた。小さな町内会の体験はほかの地域にも応用可能だと思ったのだ。

「地域には財産がいっぱいある。田舎であっても都会であっても。それをどうやって形に表していくかが大事なのです。その意味でリーダーの存在は欠かせない。だから、リーダー養成塾は必要です。アイディアマンと呼ばれるようなリーダーを養成しなければ、国はなかなか前に進まないと思う」

豊重さんは、人材育成の重要性を痛感しているという。

「国は一九七〇年ごろから過疎対策を行っているが、ハード面の対策ばかりだった。国は金があったからなんでも作っていいよというわけです。その時に『そうだ。やっぱり人材育成、リーダー育成』が大事といってその予算の十分の一でも使っていたら、東京一極集中はここまで進んでいなかったと思う」

リーダー育成の重要性に関しては、地方創生担当大臣だった石破茂氏も認識している。

「『やねだん』は、豊重さんという傑出したリーダーの存在があって、動いている。したがって、『やねだん』が塾を開いて、リーダーを養成しているのは、これからの日本にとって大きな力になると思う」

さらに、故郷創世塾も、〝深化〟している。東京でも定期的に開かれているほか、卒塾生を対象にした、故郷創世スーパー塾も開催されている。ここで学びたいという声が全国で高まっているのだ。

これらの塾とは別に、全国から年間六千もの人が視察に訪れる。韓国やベトナムなどからの視察も絶えない。豊重さん自身、年間百五十回ほど、全国各地で講演する。「やねだんＤＮＡ」は確実に広がっている。

満点のリーダーなんか、どんな社会にもいない。

企画・実践したことに対する評価は甘んじて受けろ。
人間は勝手なもので、人の批評を平気でする。
有難い羨望の表現と思って前進あるのみ。
忍耐と勇気を持ってこそ、真のリーダーになれる。

知恵を出し、汗を流せ

「被災地の子供たちに、一分でも一秒でも早く学ぶ環境を作ってやってほしい」

二〇一一年三月十一日の東日本大震災。豊重さんは被災地の子供たちのことを思い心を痛めた。

被災地では運搬用の車が不足しているという情報を聞くと、三月二十一日の総会で車をプレゼントすることを決定した。近くの中古車業者に協力してもらって中古の軽ワゴン車を購入する。

車体には集落に住む画家が太陽やヒマワリなどを描いた。被災地の子供たちを元気づけるためだ。車は被災地で、子供たちの送迎などに使ってもらおうと考えた。

それも、自主財源があるからこそ、実現できる。

車を届ける手法は、異彩を放つ。故郷創世塾の全国の卒塾生に呼びかけたところ、九州、関西、東北などの自治体や福祉施設の職員ら四十三人がリレー方式で運転してくれたのだ。それはすべて手弁当だった。

震災から二カ月余り、五月二十四日に鹿児島・鹿屋市を出発。長崎、福岡、山口、広島、三重などを経由した。主な経由地では、絵本や文房具、寄付金などを積み込んだ。

一週間ほどかけて仙台の岡田地区に到着した。距離にして実に三千キロの行程だ。被災地への思いが詰まった車である。

「民間でやれるということに私はすごく自信をつけた。この力は日本中に不可欠。都合の良い時だけでない心のつながりを実感した」

と、豊重さんは語る。

その後、『やねだん』が車をプレゼントしたことに被災者から感謝の手紙が六通届いた。

「今回の大きな震災の痛手を蒙った岡田の子どもや地域の方々にとって『何とか力になりたい』『みんなで助け合いたい』という皆様の温かいお気持ちがどんなに大きな

被災地へ

力になったことでしょうか。ただただ『感謝、感謝』です」

「見知らぬ私達を想い、ご支援頂いた事、たくさんの方々が車をリレーして来てくださった事、本当に感謝しております。この度の震災でたくさんの物や、大切な人を失いました。しかし皆さんからの、温かいご支援のおかげで、前向きに考え進む事ができます」

手紙は感謝の言葉にあふれていた。

『やねだん』では、これで被災地との交流を終わらせなかった。二〇一二年八月十二日から十五日まで、地元の高校生を被災地に送り出した。それも自主財源を使っての研修だ。

当時、農業高校の生徒だった中間理紗さんはこんな感想文を書いた。岡田児童館館長さんより直接話を聞いたと紹介した上でこう記した。

「被害状況・復旧作業がいつまでかかったかなど聞きましたが、一番は、その時の心情が心に残りました。景色は、時間もたったということである程度復興しているように見えました。でも心はそれと同じように回復しないということでした」

被災者の心のケアはいかに時間がかかるのかということを、中間さんは実感したようだ。

その後、研修の課題となっていた川柳を発表した。

テレビ見て
かわいそうだと言う私
実際見てみて
自然と無口

また、福沢星奈さんは被災地で聞いた「ガレキ」という言葉が印象深かったという。案内してくれた被災地の人が「ガレキって言われているけど元々は、大切な物だったんだよ」と説明し、福沢さんはそれに共感した。

「流される前は乗っていた車、使っていた物、住んでいた家の材料……そのような物が、津波によって『ガレキ』に変わってしまうのは辛いことだと思います」

豊重さんは、「国や地域の将来を担う『やねだん』の子供たちに被災地で震災の悲惨さや復興について学んでほしかった」と、高校生派遣の理由を語る。

東日本大震災で豊重さんは改めてエネルギー問題を考えた。震災直後の二〇一一年三月、町内会の総会で提案を行った。**風力発電機を作って、公民館の電気を無料**にしようという計画だ。原発に頼り切っていてはダメだ。将来的には集落全体の電気は、自分たちで賄いたいという思いからだった。住民は賛成した。

そして、七カ月後の十月から、実際に自然エネルギーによる発電が始まった。

公民館の近くに風力発電機がある。ポールの高さは四・五メートルだ。そこに直径一・二メートルのプロペラが回っている。プロペラは発電機につながっている。またこれとは別に太陽光パネルもある。一・二メートル四方だ。

プロペラも、太陽光パネルも決して大きいものではない。しかし、太陽が燦々と降りそそぎ、風通しの良い、『やねだん』の自然を存分に生かした発電である。

二百万円する建設費はどう賄ったのか。九州の財団による自然エネルギー発電への助成金を活用し、『やねだん』の負担は約四十万円で済んだ。

豊重さんの夢は大きい。

「将来的には一ヘクタールほどの土地に、風力発電機と太陽光発電機を並べたい。そして、集落全体の電力を賄い、無料にしたい」

公民館には「小さな風車の大きなメッセージ」と書かれたパネルが掲げられている。

それはこう訴える。

「地球環境へ配慮し、持続可能な社会の実現にむけ少しでも貢献できるよう努力しましょう」

風力発電設置

さらに、小型の水力発電機の導入も検討している。

「『やねだん』には、川があり、水がいっぱいあります。それを利用した水力発電も考えたい」

風、太陽というどこにでもある「資源」を使ってエネルギー問題に真正面から取り組んでいる。知恵を出し、汗を流せば、誰もができる再生事業である。それが地域再生の原点だと思う。

立ち位置を変えて、相手の心を読む。

思考力とは相手の心が読めるということだ。
相手を思うことで、
自分の立ち位置を変えることができる。
いわゆる洞察力だ。
何事も相手を思いやる意識を
持たなければ始まらない。

小さな村から世界の村へ

韓国・南部の都市、大邱市にある居酒屋「やねだん」。二〇一四年十二月二十日、そこに日本産の唐辛子のサンプルが届いた。

『やねだん』は、新たな試みに挑んでいる。唐辛子を韓国に輸出することだ。

「韓国を視察した際に、倉庫に積まれた大量の唐辛子を見て、これは需要がある、必ず成功すると思いました」

豊重さんはこう確信した。

キムチなどで大量に使用される唐辛子。韓国は、日本の三十倍もの消費量とも言われている本場である。そんな激戦区に『やねだん』が参入しても大丈夫なのかと、不思議に思う人も多いかもしれない。しかし、豊重さんに言わせれば、十分勝機があるという。韓国では大量に唐辛子を消費しているが、中国産が七割に迫る勢いだ。

「韓国では中国産唐辛子のシェアが高くなっている。韓国は日本と同様、高齢化で作付けの面積も狭くなっています。需要に追いつかない状態です。それを見た時、『やねだん』の唐辛子が安全・安心だったら高くても、売れると思いました。韓国でもやっぱり体に良いものを食べたいという思いが多くあると思いますから」

さらに、韓国は気温が低く、ハウス栽培をしなければならない。土の入れ替えが簡単ではなく、土の中に虫が発生しやすい。それを駆除するためには、農薬を使う必要があるというのだ。

『やねだん』では露地栽培が可能で、それが強みになるという。

そして『やねだん』の唐辛子の最大のセールスポイントは土着菌である。

「根の張り、葉っぱの勢いが、本当に違います。また、生でかじってみると、辛い甘いがはっきり分かるのです。それに、何より色づきがいいのです」

しかも、唐辛子栽培には生産面でもう一つ大きな魅力があるという。

豊重さんは**「唐辛子の生産は、集落の主要な担い手である高齢者に打ってつけです。軽くて手作業で収穫できるからです」**と語る。唐辛子を乾燥させて粉末にすれば、輸送にも便利だ。

『やねだん』では二〇一六年六月から、唐辛子の販売をインターネットで開始した。

「焼酎が『やねだん』のブランド品第一号です。それから十年ほどたって第二号が唐辛子パウダーです。四百円で売って、二百円の儲けです。これを一万本売れば、二百万円。十万本売れば、二千万円の儲けです。これで『やねだん』はまた自主財源が増えます。福祉に、教育に、環境整備にどんどん還元できます」

儲けたお金をどのように使うべきか。

最優先に位置付けられたのは、公民館を増築し、集落の人の葬儀ができるようにすることだ。**「葬儀無料化計画」**を掲げる。

「集落の人々の葬儀費用を負担するには、一千万円程度が必要です。今、集落は焼酎や土着菌で儲けた財源をある程度持っています。これに『やねだん』唐辛子の商品化で、自主財源を増やせば、十分可能なのです」

葬儀を集落が負担するには、自主財源が欠かせない。仏事を行うには、謝礼が必要。また、参列者を火葬場まで輸送するのにはマイクロバス代が要る。

豊重さんによれば、集落葬には、三つのメリットがある。

一つ目は、死んでも集落で面倒を見てくれるという安心感。

二つ目は、葬儀代が無料になることだ。祭壇は一回購入しておけば、それを使える。花については、野生のものや自分たちが栽培しているものを遺影の周りや祭壇に飾ればいい。

そして、三つ目は香典の負担軽減を図れることだ。集落の住民はこれまで、葬儀にはお悔やみとして五千円の香典を渡すといったようなやり方を続けてきたが、集落葬では、どんな人が亡くなっても一家族からの香典は一律千円にしたいという。

豊重さんは具体的なメリットを説明した後、「何より大事なのは」と前置きして、こう語った。

「寂しく葬儀が行われるよりも子供から大人まで仲間たちが『最後までご苦労さんでした』と言いながら、集落で送り出したいのです。公民館での集落葬なら、子供から大人まで仲間たちが作業服のままで参加できるし、最後まで送り出せると思ったのです」

長年集落で暮らしてきた住民の葬儀が寂しく行われるのを避けたいという。『やねだん』流の「ゆりかごから墓場まで」を実現するのが夢だ。

豊重さんはまた、集落葬は子供たちに「人の命」の大切さを訴える場になると考えている。

「子供たちにとっては身近な人の死を感じる場が集落にできることで、生について考える良き機会になる。将来の地域のリーダーにとって欠かせない資質は、他者に対する思いやりの心だ。集落葬にすれば、そうした心を青少年に教えることができ、教育的な効果もある」

アイディアの養成場は
どこにもない。

知恵は幼い時から習慣化して初めて、
泉のように湧いて出てくる。
その上で自分で考え、自分で行動する。
何が不足か、何が不満か、
自ら人の十倍動き取材を行うことで
本当に必要なアイディアは見つかる。

お金はなくとも

豊重さんは自主財源を上積みした上で、新たな施策を考えている。念頭に置いているのは、**子供たちの育英財団**を作ることだ。

「集落の自主財源は現在五百万円ありますが、一千万円にすれば実現できます」

『やねだん』で育った子供たちが進学する際に利用できるようにすれば、故郷を意識し、いつか帰ってきてくれる。

「青少年は国の生きた宝です。子供たちの日々成長していくその姿こそが集落の宝だ。子供たちが躍進し、成長することは大人たちの最大のエネルギー源ともなる」

集落の子供は家庭に金がなくても、専門学校や大学への進学、さらには海外留学もできるようにするのが夢だ。一千万円があれば可能だという。

「『やねだん』の子供たちが一生懸命、地域活動をしたり、勉強したりする姿は感動的であり、なんとしても集落で育英財団を作りたい」

奨学金は、百万円を上限に、子供たちに貸与。大学卒業後、一カ月につき九千円ずつ返済してもらうシステムにする。

なぜここまで奨学金にこだわるのか。

それは集落のある家族のエピソードが影響している。

その家族には、二歳違いの二人の娘がいた。上の娘が中学生のころ、父が深刻な病にかかり、入院し、闘病生活が始まった。しかし、二人とも、地元の鹿屋高校を卒業し、東京学芸大学に入学した。読売新聞の育英資金を活用したのだ。

豊重さんは集落の有線放送でこの家族を取り上げた。

「金はなくとも大学に行けるのです。やる気を起こせば必ず奇跡が起きます。この娘さんたちは、読売新聞の育英資金を活用して四年制大学をストレートで卒業され、今では一流会社で活躍されています。わが柳谷集落の、『やればできる』のすばらしい見本です。しっかりとした学ぶ目標を持ち、都会の真ん中で苦学したこの勇気と度胸に、心から拍手を送りましょう」

「金はなくとも大学に行けるようにする」という豊重さんの心意気には大いに共感できる。

遅ればせながら政府も重い腰を上げた。給付型の奨学金の創設の検討に入ったのだ。二〇一六年五月に発表された「ニッポン一億総活躍プラン」に盛り込まれた。家庭の経済事情に関係なく、子供が進学しやすい環境を作るためだ。

将来の日本を築く子供の貧困が深刻化していることを踏まえると、早急に着手すべき課題だと思う。家庭の経済状況によって、教育格差が出るのは、社会として余りに不健全だ。

国の奨学金制度は有利子、無利子の「貸与型」しかない。利用者数は一九九八年度は三十八万人だったが、二〇一五年度には、百三十四万人に増えている。実に、三・五倍だ。親の収入が伸びず、奨学金に依存する構図が浮かび上がっている。奨学金を受け取っている大学生は全体の半分以上に上るという。

「小学校の卒業時に十万円、中学卒業時には二十万円ぐらい、集落の財源から出したいと思っています。『やねだん』には寺子屋もあるし、大学生が関心を持つような芸術もある。集落そのものを社会教育の受け皿にしたい。そうすれば、若い家族が移住し、人口減少にも歯止めがかかると思います。コミュニティビジネスの次は、コミュニティスクールです」

豊重さんが考えているのは、貸与型だ。それでも、一つの集落が過疎対策を兼ねて奨学金制度の創設を検討していることに、私は驚きを禁じ得ない。

「『やねだん』が過疎化するだろうと心配する声があるが、心配御無用と言いたい。『やねだん』に住んで良かったと思ってもらうため、お金がなくても、大学に行けるようにしたい。地域活性化には青少年の育成が大事なキーワードです」

育英資金で過疎化に歯止めがかかるという論理だ。

さらに、豊重さんは気合を入れる。

「一千万円貯まったら、『百万円は鹿屋市の青少年教育に使ってください』というような、それくらい勢いのある地域再生をやらないといけないと思っています。補助金にぶら下がっていたら、自分の喜びや感動すらありません」

現場から次々にアイディアを発する豊重さんの原動力はなんだろうか。

「行政は現場を知らない。現場を知らないのに机上で企画して予算を計上するのです。だから地域が躍るわけはない。現場をよく知る地域のリーダーこそが勇気と執念を持たなければならないと思います。私自身、周囲の期待が大きいだけに、こちらは、知恵を出さなければならない状況です。住民からいただくエールこそがアイディアの原点です」

その上で、さらに役所のあり方について問題点を指摘する。

「共生・協働型社会はいわば、人と人をつなぐことです。だが、縦割り社会の役所では、地域との横の連携を深めるコミュニケーション能力が育ちにくいのです。こうした縦割りの状況下で、『地域おこし』をやったというアリバイ型の施策があふれることになるのです」

ただ、豊重さんは行政を敵だとは思っていない。

「行政はパートナーであり、地域づくりにおいて二人三脚が必要」

と考えている。

「地域の現場からの提案を受け入れ実現する力があるのは行政です。現場を最優先に考えてくれる行政マンにはエールを送りたいのです」

実際に農業Ｉターンの受け入れやＩターンした人への農業指導を引き受けてくれる近隣農家探しなどについては、鹿屋市と連携している。

地域と行政、そして公務員はどのような関係になるべきか。

この本で何度も登場していただいている椎川忍氏は公務員の陥りがちな罠について喝破する。

「現場の本当の問題や住民の生の声を踏まえずに、国などが作った既存の法令や制度を忠実に運用することで仕事をした気持ちになる。公平・公正を担保するという建前にしばられすぎて、自助努力して頑張っている人や、ちょっと後押ししてあげれば伸びる人を、自助努力もしないで依頼心ばかり強い人たちと一緒にしてしまって応援しようとしない」

その上で強調する。

「常に、国民や地域住民のみなさんの立場になって、少しでも改革・改善ができないかと考え、最初から大きな改革を狙うのではなく、スモールサクセスを積み重ねていくことが信頼を得る唯一の方法です」

私は椎川氏の指摘を聞きながら、豊重さんのような地域のリーダーと公務員の力がドッキングした時、日本は劇的に変わると確信した。

豊重哲郎のことば

14

パートナー（仲間）とブレーン（頭脳）は最後の切り札。

どんなに良いアイディアを出す人でも、
笛吹けど踊らずではリーダー失格だ。
他人の知恵こそ宝。
アシストしてくれる仲間がいることで、
自信と勇気が次から次へと湧いてくるのである。

バトンタッチをする勇気

「今、『やねだん』には活気があり、笑顔があります。でも、ボランティア精神の延長では地域再生は長続きしない。ビジネス感覚を持つことが重要なのです。私は次の世代に財源を残してバトンタッチします」

豊重さんが後継者としているのは、上小原中学校のバレーボール部の教え子である今村利郎さん（五十歳）である。豊重さんを慕って、隣の集落の実家を離れ柳谷集落に居を構え、奥さんと子供三人とで暮らしている。

サラリーマン生活を送りながら、二〇〇〇年から土着菌を活用して玉ねぎを栽培している。

「どんなリーダーにも老害は出てくる。だから、自分が快走している間に後継者にバトンタッチするのが私の責任であり、そうした後継者を育てる義務がある。本当のリ

ーダーには一朝一夕でなれるものではない。後継者に対しては、自ら汗し、率先垂範の実践者に徹するという基本的なボランティア精神を叩き込まなければならない。これが私の持論である」

さらにこの今村さんを支える若者もいるという。つまり、第二、第三の後継者も存在しているわけだ。

集落が機能を維持するために幅広い年齢層で人口が構成される必要がある。『やねだん』では、高齢者が年間四、五人亡くなる時代が必ず来る。人口は、高齢化率が高くなるに従ってその分右肩下がりで減っていく。

こうした客観情勢を踏まえた上で、豊重さんは、**「自主財源があれば、空き家を改装して、芸術家を呼ぶことも可能だ。そこに子供の教育に配慮した集落づくりをすれば、『ああ、柳谷は子育てをするにも環境がいいわ』という評判になる。そして最低三人、できれば五人が毎年移住してくれる政策ができれば、柳谷の人口は維持できる」**と分析する。人口の自然減を社会増で補うやり方だ。さながら、人口動態の専門家のような見立てである。

今村利郎さんと豊重哲郎さん

『やねだん』の人口は三百人なので、三人というのは一％である。この移住で人口が維持できるという考え方は実は、専門家の間でも、立証されている。
人口問題に詳しい島根県中山間地域研究センター研究統括監の藤山浩氏は「毎年今より一％ずつ定住者を増やせば、人口は保てるのです。子供の数も維持できます」と指摘する。百人の村で一人、千人の村で十人増やせば、人口を維持できるというのだ。大事なのは定住し続けることだという。
逆に、高度成長期に建設された東京の多摩ニュータウンや新宿区の戸山ハイツのような巨大団地はそれと対照的だ。水洗トイレやダイニングキッチンなど当時の最新の設備が整っていて、若者の憧れの街だった。

当初は周辺に学校や店舗などが次々にでき、賑わっていた。

しかし、こうした団地では、子供たちは一気にいなくなり、親世代は一斉に高齢者になる。

戸山ハイツでは二〇〇八年に高齢化率が五十一・六%となり、〝限界集落〟になった。藤山氏は「元々何もなかったところを造成して人工的に作り上げた地域社会です。それだけに、人や自然とのつながりは乏しく、伝統とのつながりも希薄なのです。みんなが手塩にかけて作ったものではありません。そのため、誰かが死んだとしても、お互いの生きてきた記憶がつながらない」と、大規模団地の弊害を説明する。

こうした現状を踏まえると、『やねだん』こそが、新たなニッポンの先駆けになるのではないかと私は思う。

豊重さんはいつも、カバンの中に、集落の年齢別人口分布のグラフを入れている。手書きの紙には、集落の将来を思う気持ちが込められている。

「持続可能な集落づくりをしたいと思っています。つまり、ひ孫から高齢者まで四世代の家族が一緒に生活できる環境です」

限界集落にはならないという熱き思いが伝わってくる。

こうした豊重流の地域づくりに共感する人は確実に増えている。

故郷創世塾の常任講師となっている椎川忍氏は「政府も地方創生といって旗を振っていますが、地方創生は人間の体と同じだ。細胞が元気にならなければ人間の体は元気にならない。だからいきなり五万人の都市とか、十万人の都市を元気にしますといったって、そう簡単にはいかない。小さな組織が元気にならなければ、臓器も元気にならないし、全体の体も元気にならない。地域でも一番小さい単位の地域、集落というものを大事にしなければならない」と主張する。

政府から『やねだん』の視察に来る人は跡を絶たないが、衆議院議員の小泉進次郎氏もその一人だ。

地方創生担当の内閣府大臣政務官として、二〇一五年八月一日に一泊二日で訪れた。唐辛子畑を視察したり、子供たちと触れ合ったりした小泉氏はこんな感想を語る。

「『やねだん』は高校野球です。プロ野球に比べたら、技術も劣るのに、なぜプロ野

球では感じられない感動と奇跡が起きるのか。それは絶対あきらめないからだ。アウトだと分かっていてもヘッドスライディングする高校野球のような必死さが『やねだん』にはある。

東京は、便利で最先端のいろいろなものが揃っているかもしれないが、『やねだん』には、東京でも起きないような奇跡が起きるかもしれないという予感がある。

もうすぐ甲子園が始まるが、高校野球には、どれだけ点差が開いていても、最後のゲームセットのアウトが取られるまで『もしかしたら逆転するかもしれないので、チャンネルを変えられない』という点があり、『やねだん』も、それと同じなのです。『やねだん』は高校野球です。全国のプロ野球球団だと思っている地域に、『高校野球なめんなよ』と言いたい」

そして豊重さんというリーダーの存在にも言及する。

「『やねだん』に一度来てください。この集落にたぎる熱量。これは来ないと分かりません。街づくりに必要なのは『若者』『馬鹿者』『よそ者』と言われるが、豊重さんは究極の馬鹿者に近い。どういう意味かというと、豊重さんは突き抜けている。わき

目も振らず突っ走っている。『やねだん』の集落づくりにとって、豊重さんがいることは大きい。その豊重さんについていっている仲間がいることも集落の力だ。行政から補助金をもらうという発想とは正反対。自分たちが利益を出す集落になって行政にお金をあげようというのは痛快ですよ」

豊重さんのスピーチに関して小泉氏はこう言う。

「個人的に勉強になったのは豊重さんのスピーチ。こうやって強弱をつけるのか。すーっと静かに始まってドンと声が大きくなる。一つ引き出しが増えた。大変勉強になりました」

小泉流の演説に、集落の住民は大笑いしていた。小泉氏といえば、当代きっての演説上手な政治家だ。彼をもってしても豊重さんのスピーチは大変勉強になるという。

演説の力も、リーダーにとって極めて重要な要素だ。

田中角栄氏はかつて喝破した。

「分かったようなことを言うな。気の利いたことを言うな。そんなものは聞いている者は一発で見抜く。借り物ではなく自分の言葉で、全力で話せ。そうすれば、初めて

人が聞く耳を持ってくれる」

豊重さんは借り物でなく、自分の言葉で、全力で話す。だからこそ、説得力があり、故郷創世塾には人々が殺到するのだろう。

田中角栄氏と豊重さん、どちらも土の香りがする。

後継者育成ほど難しいものはない。だからおもしろい。

リーダーは魔法使いではない。
時に苦しく、退屈な人生を覚悟しなければならない。
良きリーダーを目指すなら、
あきらめてたまるかという「心理的限界」に
挑戦する気概を持つことだ。

あとがき

二〇一四年に発表された「増田リポート」は今も、地方に衝撃を与え続けている。そのリポートは、前岩手県知事の増田寛也氏が座長を務める日本創成会議が作成したものだ。「消滅可能性都市八百九十六リスト」が盛り込まれ、二〇四〇年に全国の市町村の半分が消滅する可能性があるという内容だ。

報告書では、二十歳から三十九歳の若い女性が二〇四〇年までに半分以下になってしまう都市を「消滅可能性都市」と名付けた。名指しされた市町村だけでなく、全国的に激震が走った。自治体では、対策に奔走した。

日本創成会議が二〇一四年五月に記者会見を開いた翌日の新聞には大きな見出しが並んだ。「自治体、二〇四〇年に半数消滅の恐れ　人口減で存続厳しく」（日本経済新

聞）、「『消滅』自治体に衝撃　若年女性の人口試算」（朝日新聞）。

二〇一五年の統一地方選を意識した、政治的な思惑のあるリポートだと批判する向きもあるが、私は素直に今の日本の現状に対する警鐘だと受け取った方がいいと考える。現実を直視することこそが、状況改善の一歩となる。

また、元朝日新聞主筆の船橋洋一氏が理事長を務める「日本再建イニシアティブ」が二〇一五年に発表した報告書は、人口減について「日本史上始まって以来最大の危機」と表現した。このまま放置すれば、今世紀末、つまりあと八十年余りで人口は五千万人に減り、高齢化率は四十％になると予想する。

この報告書によれば、日本は明治時代のような若者が満ち溢れた国ではなく、老いた国家となる。これは、経済成長を押し下げるだけでなく、生活インフラを崩壊させる恐れがある。人口が減少すれば、税収減につながり、「負の連鎖」が始まる。

病院や学校、スーパーなどの維持が難しくなり、雇用の場もなくなる。そうなると、ますます、東京に人口が集中するという負の循環だ。そうした事態は回避しなければならないと、船橋氏は繰り返し、主張している。

増田氏は元官僚。船橋氏は朝日新聞出身のジャーナリストである。それぞれの立場を超えて、人口減少の問題に危機感を抱く。

それは数字にも裏付けられた。二〇一六年に五年に一度行われる国勢調査の結果が発表され、それによると日本の人口はおよそ九十六万三千人減少した。一九二〇年の調査開始以来、初のマイナスだ。日本はついに本格的な人口減少時代に入った。人類史上経験したことのない加速度的な人口減少である。

私が人口減少時代に危機感を抱きつつも、『やねだん』を取材して痛感したのは、リーダーさえいれば、集落は大化けできるということだ。『やねだん』限界集落化を回避し、「世界の集落」となった原動力は、決してあきらめないリーダーの存在にあるからだ。国に頼っていては間違いなく衰退し、最終的には消滅する。霞が関の官僚が描いた国づくりの犠牲になったのは、衰退の一途をたどる地方である。

私は一九九三年から三年間、時事通信社の記者として島根県に赴任した。関心を持って追いかけていたテーマは過疎問題だった。島根は日本でもいち早く、高齢化に悩まされていた。私は県内各地を回り、定住対策や過疎の現状についてつぶさに話を聞いた。

その際、島根県庁の総務部長として、過疎対策の陣頭指揮を取っていたのは、この本に何度も出てくる椎川忍氏だ。官僚にもかかわらず、島根県内を隅々まで訪れ、現場に即した政策を打ち出す姿勢に、私は共感を覚えた。その時以来、椎川氏からは、さまざまな局面で、教えを請うている。

「過疎」という言葉の発祥の地も島根にある。今は益田市となっている島根県西部の旧匹見町である。この町は日本でも最も西部にある豪雪地帯だ。一九六三年（昭和三十八年）の通称「三八《さんぱち》豪雪」。道路が寸断され、死者が五人出た。これがきっかけで人口減少に拍車がかかった。

当時町長だった大谷武嘉氏は国や県に道路整備の必要性を訴えた。「道路を整備すれば、村を離れる人も減っていく」と考えたのだ。「過疎町長」という異名があったほどだった。

大谷氏の動きを世論も支援し、「過疎法」（通称）につながっていく。一九七〇年に制定された。全国各地では、補助金を利用し、道路や農地の整備などが進められた。その後、二〇一二年までに過疎対策にかけた事業費はトータルで九十三兆円に上る。一年あたり二兆円だ。

その後も公共事業中心の地域活性化策が行われた。田中角栄内閣は「日本列島改造論」を打ち出し、新幹線や高速道路の敷設に取り組んだ。大平正芳内閣は田園に都市の賑わいをという名目で「田園都市構想」を打《ぶ》ち上げた。

異彩を放ったのは、竹下登内閣の「ふるさと創生一億円事業」である。バブル期の一九八八年から八九年にかけて、全国の各市町村に一律一億円を配った。使い道は市町村の自由だった。金の延べ棒を購入して展示したり、自由の女神像を作ったりしたところもあった。挙句には、村営のキャバレーを開き、三年後に赤字で閉鎖したところもある。バラマキ政策の典型というように言われたが、当時一年生議員だった石破茂氏によれば、竹下総理は「バラマキと言う人がいるが、それは違うんだわな。これで地方の知恵と力が分かるんだ」と語った。

石破氏は実際、ふるさと創生事業の一億円が有効に使われた例も少なくないと指摘している。一億円で教職員を海外に派遣したところもあれば、子供たちのために図書館を作ったところもある。

竹下総理は市町村長の力量を試したことになる。補助金行政に慣れ切った市町村がどのような政策を打ち出すのか、静かに見守っていたのか。

人口減少に歯止めをかけるため、次々に打ち出された対策。それらは、あまり効果がない一方で、日本の財政赤字を拡大させた。

旧匹見町含め全国各地の「過疎地」の人口流出には歯止めがかかっていない。


こんな現状を豊重さんはどうみているのか。

「国は歳入がないのに、歳出から予算を決定しているが、これでは逆だ。まず、大切なのは歳入だ。零細企業であろうが、大企業であろうが、自営業者であろうが、農家であろうが収益を得て確定申告をして、納税するのが当たり前です。財源があるから『今、孤独死対策が必要だ』といって政策が出てくる。人を助けるには、財源がない

とできない。ところが今、国はお金のかかる政策を打ち上げて、国債で賄っている。『やねだん』でそんなことをやったら、私は自殺行為のリーダーと思われますよ。集落の人から『なんだ、哲郎。アイディアばかり出して、誰が金を出すのだ』と言われて集落の人たちはそっぽを向きますよ」

豊重さんは国家の借金体質に警鐘を鳴らす。集落や町内会との単純比較は無理があるかもしれないが、それでも傾聴に値すると思う。

汗を流して労働し、財源確保に腐心する『やねだん』。一方、財源なきまま安易な借金を続けている日本政府。あまりに両者の差は大きいのではないか。

私の頭から離れないのは、巨大な富を蓄え繁栄を謳歌していたローマ帝国がほろんだことだ。きっかけは、「パンとサーカス」だった。

ローマの人々は自立自助の勤労精神を忘れ、タダのパンを食べ、サーカスという娯楽に明け暮れるようになったのだ。日本はローマ帝国の轍を踏んではいけない。

国から地方への補助金はまさに「パン」ではないか。地方はずっと国にぶら下がっていたのだ。

一千兆円の借金を抱えている日本政府が、地方で公共事業を行ったり、補助金を配ったりする時代はもう終わった。**自立しお金を儲けること**が大切である。

戦後長く続いた「広く、あまねく、皆様に」という形で国が地方を支援する方法は、通用しなくなった。**地方創生とは、大競争時代の幕開けを意味する。**地方消滅をどのようにすれば、避けることができるのか。

「地域一人一人が目覚め、義理人情を尊び、『結い』の心で本気になって団結すれば日本は変わる。いや絶対に変えなければならない」

私はかねがね、ビジネスにおいても、地域づくりにおいても、「義理人情」こそ、重要だと思ってきた。経済ジャーナリストとして、私が見た、改革を成し遂げた経営者はいずれも、「義理人情」を大切にしている。「夕日ビール」と揶揄されていたアサヒビールを再生させた樋口廣太郎氏しかり、大企業病を改革したトヨタ自動車の奥田碩《ひろし》氏しかり。厳しい競争原理を導入しながらも、相手に対する思いやりを忘れない。

田中角栄氏が今、脚光を浴びるのも、義理人情を徹底した生き方に人々が共鳴しているからではないだろうか。

地域再生のために必要な「義理人情」「結い」「絆」。そして自立する精神。『やねだん』が過去二十年間取り組んできた歩みには、今後日本が再生するためのヒントがぎっしり詰まっている。

私が大好きな言葉に「日に新たに、日々に新たなり」がある。これは、中国・商時代の湯王が言い出した言葉だ。「今日という日は、みなに平等に訪れる。今日の行いは昨日より良くなり、明日は今日より良くなるよう、修業に心がけよ」という意味だ。湯王はこの言葉を洗面器に張り付けて毎日自戒したという。

私は豊重さんと話すと、いつもこの言葉を思い出す。

豊重さんは二〇一七年の四月に、七十六歳になった。今日も早朝からフル稼働で動き回っている。「日に新たに、日々に新たなり」の一日が始まる。

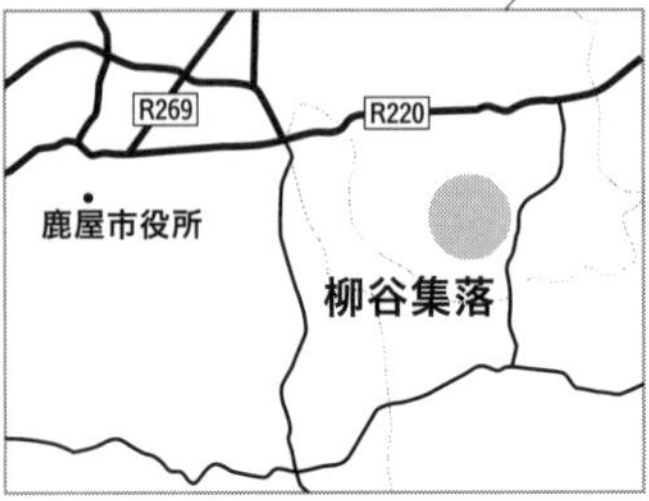

柳谷集落自治公民館
〒893-1605
鹿児島県鹿屋市串良町上小原4694-2

豊重哲郎（とよしげ・てつろう）

一九六〇年、鹿児島県立串良商業高等学校卒業。東京都民銀行入行。七一年、Uターンして串良町上小原でウナギ養殖を始める。九六年から柳谷自治公民館長としてさまざまな村づくりを実践。

参考文献・資料

《書籍》
『地域再生　行政に頼らない「むら」おこし』（豊重哲郎著・出版企画あさんてさーな・二〇〇四年十一月刊）
『地方消滅　東京一極集中が招く人口急減』（増田寛也編著・中公新書・二〇一四年八月刊）
『人口蒸発「5000万人国家」日本の衝撃　人口問題民間臨調 調査・報告書』（一般財団法人日本再建イニシアティブ著・新潮社・二〇一五年六月刊）
『自治体崩壊』（田村秀著・イースト新書・二〇一四年十二月刊）
『清貧と復興 土光敏夫100の言葉』（出町譲著・文春文庫・二〇一四年二月刊）
『田中角栄という生き方』（別冊宝島編集部・宝島SUGOI文庫・二〇一六年九月刊）
『知られざる日本の地域力　平成の世間師たちが語る見知らん五つ星』（椎川忍、藻谷浩介他著・今井出版・二〇一四年十二月刊）
『地域に飛び出す公務員ハンドブック　地域から日本を変えよう』（椎川忍著・今井書店・二〇一二年十月刊）
《DVD》
『やねだん～人口300人、ボーナスが出る集落～』（南日本放送）

本書は書き下ろしです。

装幀　五十嵐 徹（芦澤泰偉事務所）
写真　河野セイイチ
ＤＴＰ　美創

出町 譲（でまち・ゆずる）

一九六四年富山県高岡市生まれ。早稲田大学政治経済学部卒業。九〇年に時事通信社入社。ニューヨーク特派員などを経て、二〇〇一年にテレビ朝日入社。ニュース番組でデスクを務める傍ら、著作活動を開始。著書に『清貧と復興 土光敏夫100の言葉』（文春文庫）、『九転十起 事業の鬼・浅野総一郎』『景気を仕掛けた男「丸井」創業者・青井忠治』（ともに幻冬舎）などがある。また、経済ジャーナリストとして、地方紙や総合雑誌で、地域再生や企業経営のリポートなどを定期的に執筆している。

日本への遺言

地域再生の神様《豊重哲郎》が起こした奇跡

二〇一七年五月十日　第一刷発行

著者　出町 譲
発行者　見城 徹
発行所　株式会社 幻冬舎
〒一五一－〇〇五一 東京都渋谷区千駄ヶ谷四－九－七
電話 〇三(五四一一)六二一一(編集)
〇三(五四一一)六二二二(営業)
振替 〇〇一二〇－八－七六七六四三
印刷・製本所　株式会社 光邦

検印廃止

ISBN978-4-344-03109-8 C0095

幻冬舎ホームページアドレス http://www.gentosha.co.jp/

この本に関するご意見・ご感想をメールでお寄せいただく場合は、comment@gentosha.co.jp まで。